초고령사회,
사회보험의 경고

초고령사회,
사회보험의
경고

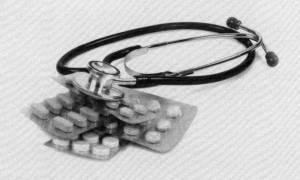

주정완 지음

좋은땅

· 머리말 ·

    대한민국은 2025년 중대한 고비를 맞았다. 65세 이상이 전체 인구의 20% 이상을 차지하는 초고령사회 진입이다. 건국 이후 한 번도 경험해 보지 못한 초유의 상황이다. 우리에게 초고령사회는 예정된 미래이자 예고된 재앙이었다.

    많은 이들이 노후불안을 안고 있다고 말한다. 그 불안의 중심에는 건강과 돈이 있다. 여기서 건강은 육체적 건강과 정신적 건강을 포함한다. 신체적으로는 나이가 들어갈수록 각종 노인성 질환에 시달리는 이들이 많아진다. 정신적으로는 주변 사람들과의 관계가 어느새 멀어져 가면서 고독감으로 힘들어하는 이들이 증가한다. 노인 1인 가구의 급증은 노인들이 신체적, 정신적으로 얼마나 취약한 상태에 놓여 있는지 잘 보여준다.

    오랫동안 유교의 영향을 받은 한국 사회의 일부에는 돈에 대해 직설적으로 말하는 걸 꺼리는 경향이 아직도 남아 있다. 하지만 현대 사회에서 돈이 없으면 아무도 제대로 살아갈 수 없다. 개인적으로 젊은 시절부터 노후 대비를 위해 모아둔 돈도 필요하겠지만, 사회적으로도 노인 인구 급증에 대한 대책이 절실하다.

    여기서 사회적 노후 대책의 핵심은 사회보험이다. 그중에서도 건강보험과 국민연금이 대표적이다. 양쪽 모두 현재 상태로 방치한다면 재정 파탄을 피할 수 없다. 한마디로 정리하면 개혁이 아니면 파국이다. 이제 남은 시간이 별로 없다.

2022년 5월 출범한 윤석열 정부는 '천금 같은 시간', 다시 말해 '개혁의 골든타임'을 아깝게 낭비하고 말았다. 말로만 개혁을 부르짖었지 실제로 이룬 성과는 하나도 없었다. 오히려 상황을 악화시켰다. 의대 증원 2000명이란 숫자에 과도하게 집착하면서 의료계와의 소모적 갈등으로 국민을 불안하게 했다. 의료계도 잘못이 있지만, 정부의 일방통행식 밀어붙이기는 가뜩이나 꼬여 있는 '실타래'를 더욱 꼬이게 했다.

연금개혁도 타이밍을 놓친 대가를 혹독하게 치르고 있다. 윤석열 정부 출범 초부터 연금개혁의 기대감을 잔뜩 부풀렸지만 2023년 10월에 내놓은 개혁안은 그야말로 '맹탕'이었다. 가장 중요한 연금 보험료율의 구체적인 인상안을 담지 않았다. 그러면서 국회에서 알아서 하라고 떠넘겼다. 도저히 책임 있는 정부라고 할 수 없는 비겁하고 무책임한 발표였다. 이 부분에 대해선 두고두고 역사의 비판을 받을 것이다.

마침내 2024년 9월에는 연금 보험료율 인상을 포함한 개혁안을 내놨지만, 일단 시기적으로 너무 늦었다. 그나마도 국회에서 논의할 시간도 없었다. 2024년 12월 3일 비상계엄 선포 이후 일련의 사태는 연금개혁을 포함한 모든 생산적인 개혁 논의를 멈춰버렸다. 이 글을 쓰는 2025년 1월 현재 이 사태가 어떻게 마무리될지, 그 이후 연금개혁 논의는 어떻게 흘러갈지 전혀 예측되지 않는다.

이 책은 『초고령사회, 사회보험의 경고』라는 제목으로 초고령사회의 긴급한 과제인 사회보험의 취약성을 점검하고 합리적 대안을 찾아보려고 한다. 흔히 4대 보험이라고 하면 건강보험과 국민연금 외에도 고용보험과 산업재해보상보험(산재보험)을 포함한다. 고용보험의 대표적인 혜택에는 근로자가 비자발적 실업 상태에 놓였을 때 구직급여(실업급여)를 지급하는 게 있다.

건강보험·국민연금과 고용보험·산재보험은 중대한 차이가 있다. 건강보험과 국민연금은 언젠가 때가 되면 국민 누구나 혜택을 받는다. 건강보험에 대해서 말하자면 평생 아프지 않고 건강하게 살면서 병원에 한 번도 가지 않는 사람은 없을 것이다. 국민연금은 누구든지 일정한 연령(1969년 이후 출생자는 65세)이 되면 노령연금을 지급한다. 그런데 고용보험과 산재보험은 일정한 조건을 충족하는 예외적인 경우에만 보험금을 지급한다. 평생 한 번도 실업급여나 산재보험을 받아 보지 않는 사람도 적지 않다.

이 책의 내용을 간단히 소개하면 다음과 같다. 〈PART 1〉에서는 〈지속 불가능한 한국의 건강보험〉을 주제로 다룬다. 표면적으로는 건강보험 재정이 당장 적자를 낸 건 아니다. 역대 정권의 정책적 실패가 누적되면서 건강보험 재정도 어려움을 겪고 있지만, 그동안 상당한 적립금을 쌓아둔 덕분이 그럭저럭 버티고 있다. 그렇다고 안심할 때는 전혀 아니다. 상황이 이렇게까지 오게 된 구조적 문제는 어떤 것이 있는지 자세히 살펴봤다. 흔히 '3분 진료'라고 하면 부정적인 선입견을 갖기 쉽지만, 생각보다 장점도 많은 방식이란 점도 짚어봤다.

〈PART 2〉에선 〈실패한 의료개혁, 상황을 더욱 악화시키다〉를 상세히 짚어본다. 의대 증원 2000명으로 대표되는 윤석열 표 의료개혁은 커다란 사회적 진통을 겪으며 '의료대란'으로 이어졌다. 그러면서 실질적으로 국민이 체감할 수 있는 개혁의 성과를 내지 못했다. 더욱 심각한 문제는 이렇게 실패한 의료개혁으로 건강보험 재정 고갈 속도가 빨라졌다는 점이다. 한국의 건강보험은 그때그때 필요한 돈을 걷어서 쓰는 부과식이다. 이대로 가면 미래 세대에 엄청난 부담을 안기거나, 의료비 보장 범위를 대폭 축소할 수밖에 없다. 필자가 대안으로 제시하는 건 부과식과 적립식을 절충한 혼합식이다. 쉽지 않은 길이지만 결국 이 길밖에 없을 것이라고 판단한다. 더불어 '애물단지'로 전락한 실손보험이 어떻게 의료 과소비를 부추기는지, 어떤 대안이 있는지 찾아봤다. '의료 영리화'의 상징이란 이유로 집중 공격을 받는 영리병원을 둘러싼 논란도 점검했다.

다음으로는 국민연금을 포함한 연금 관련 이슈를 살펴봤다. 〈PART 3〉에선 〈예고된 재앙, 국민연금 재정 고갈〉을 다룬다. 국민연금은 '다단계 금융사기'라는 말까지 나오는 상황에서 더는 머뭇거릴 시간이 없는 이유를 따져봤다. 윤석열 정부의 연금개혁이 진정한 의미의 개혁이 아니었던 이유는 뭔지 살펴보고, 표를 의식한 포퓰리즘식 개혁은 결국 실패할 수밖에 없다는 점도 짚어봤다. 그렇다고 연금개혁을 포기할 수도 없다. 이대로 가면 국민연금의 재정 파탄은 예고된 재앙이기 때문이다. '쉬운 길이 없다'는 것은 평범해 보이는 진실이지만 역대 정부의 연금개혁 노력에서 확인할 수 있는 교훈이기도 하다.

이어서 독자에게 실용적 정보를 제공하는 차원에서 연금 수령액을 늘리는 방법을 살펴봤다. 〈PART 4〉는 〈국민연금, 한 푼이라도 더 받으려면〉이란 주제로 정리했다. 조기연금과 연기연금의 장점과 단점을 따져보고, 국민연금 임의가입이 과연 남는 장사인지도 검토했다. 유족연금과 분할연금이란 무엇인지 자세히 알아보고, 이혼이냐 재혼이냐에 따라 달라지는 복잡한 제도의 문제도 짚어봤다.

〈PART 5〉에선 〈노후자금 마련, 다른 대안도 찾아보자〉라는 주제로 국민연금이 아닌 다른 연금 제도를 소개했다. 개인의 노후준비를 위해선 국민연금만으로는 상당히 부족한 게 어쩔 수 없는 현실이다. 그럴 때 퇴직연금과 개인연금으로 '연금 3층 구조'를 갖춘다면 다소 마음을 놓을 수 있을 것이다. 퇴직연금은 어려운 용어로 소비자를 헷갈리게 하는 문제가 있다. 확정급여(DB)형과 확정기여(DC)형은 어떤 차이가 있는지, 개인형 퇴직연금(IRP)과 디폴트 옵션은 도대체 무슨 뜻인지도 알아봤다. 노후자금 마련에 참고가 될 만한 주택연금과 기초연금도 상세히 소개했다.

옛날 속담 중에 '사공이 많으면 배가 산으로 간다'는 말이 있다. 한시라도 빨리 개혁의 배가 제대로 된 항로에 올라야 하는데 오히려 산으로 가는 것 같아서 걱정스럽다. 표를 의식한 정치권이 시급한 개혁 과제를 외면하면서 상황은 더욱 나쁜 쪽으로 가고 있다. 심지어 정파적 이해관계에 따라 사실을 왜곡하고 무책임한 주장을 펼치는 경우도 드물지 있다.

이 책은 가급적 정파적 이해관계에 휘둘리지 않고 독자들이 현 상황을 깊이 있게 이해하는데 도움을 주려고 했다. 이 책의 본문을 읽어보면 알겠지만, 필자는 사회보험의 재정 안정을 중시하는 쪽이다. 그건 필자가 특정한 정파나 진영의 입장에 동조하기 때문이 결코 아니다. 한국 사회의 지속 가능한 미래를 위해 사회보험의 재정 안정이 반드시 필요하다고 보기 때문이다. 이 부분에 대해선 다양한 의견이 나올 수 있을 것이다. 합리적이고 건설적인 의견이라면 언제든지 환영한다.

분명히 말하지만 필자는 모든 것을 시장에 맡겨야 한다는 극단적인 신자유주의 이념에 동의하지 않는다. 그렇다고 모든 것을 국가가 책임지고 해결해야 한다는 극단적인 국가주의에 동의하지도 않는다. 필자는 국가의 역할과 시장의 역할을 동시에 인정하면서 양쪽이 균형과 조화를 이뤄야 한다는 확고한 소신을 갖고 있다.

더불어 이 책에선 개인의 노후 준비에 유익한 정보도 알기 쉽게 소개하려고 했다. 필자는 28년 넘게 신문과 방송기자로 취재 현장을 누볐고 지금도 현업에 종사하고 있다. 이런 경험을 살려 독자들에게 현안에 대한 심층적 이해와 실용적 지식을 함께 전달하려고 했다.

이 책을 내기까지 많은 분의 도움을 받았다. 특히 중앙일보 선후배 동료들의 격려와 도움이 없었다면 이 책을 내지 못했을 것이다. 이 책을 저술지원 대상으로 선정하고 지원해준 관훈클럽정신영기금 관계자분들께도 깊이 감사드린다. 언제나 필자에게 아낌없이 사랑과 응원을 보내주는 아내와 부족한 원고를 책으로 낼 수 있게 애써주신 ㈜

좋은땅 출판사 여러분께도 감사의 뜻을 표한다.

2025년 1월
서울 상암동에서
주정완

차례

예고된 재앙,
국민연금 재정 고갈

국민연금,
한 푼이라도 더 받으려면

노후자금 마련, 다른 대안도 찾아보자

지속 불가능한
한국의
건강보험

1 건강보험 재정 파탄론: "금고가 비었습니다"

"금고를 열어 보니까 단돈 천 원도 없고 빚문서만 산더미처럼 쌓여 있었다." 과거 김대중 대통령이 당선인 시절인 1998년 1월 국민과 대화에서 한 말이다. 여기서 금고는 외환보유액, 빚문서는 외채 상환 청구서를 비유적으로 표현한 것이었다. 당시 국내 외환 사정이 얼마나 절망적이었는지 단적으로 드러낸 발언으로 두고두고 회자했다. 이날 국민과의 대화에서 김 당선인은 "한마디로 말하면 빚투성이의 나라가 됐다"고 강조하기도 했다. 이대로 가면 나라가 망할 정도의 비상 상황이란 점을 알리고 고통 분담을 호소하는 메시지였다.

그 후 30년 가까운 세월이 지났다. 우리나라 외환 금고도 많이 건실해졌다. 한국은행에 따르면 2024년 11월 말 기준으로 외환보유액은 4154억 달러를 기록했다. 같은 시점에서 세계 9위였다. 중국(3조2659억 달러)이나 일본(1조2390억 달러)보다는 적지만 독일(3863억 달러)보다는 많았다. 외환위기로 한 푼이 아쉬웠던 1990년대 후반과 비교하면 격세지감이 느껴진다.

그렇다고 안심할 때는 전혀 아니다. 또 다른 방향에서 국가 금고의 고갈을 경고하는 비상등이 요란하게 울리고 있기 때문이다. 이번에는 외환보유액이 아니라 사회보험이다. 그중에서도 건강보험과 국민연금이 매우 심각한 상황이다. 오랫동안 구조적인 문제가 쌓이고 쌓인 결과라서 뾰족한 해법이 보이지 않는다.

　어쩌면 외환위기 때 외환보유액의 고갈보다 훨씬 풀기 어려운 문제라고 할 수 있다. 사람에 비유하면 외환위기는 급성 질환으로 당장 죽어가는 환자였다면 현재는 만성 질환으로 고생하는 환자와 비슷하다고 할 수 있다. 그러니 예전처럼 국민이 1~2년 정도 고통을 분담하고 허리띠를 졸라맨다고 위기를 해결할 수도 없다. 일시적으로 고통을 겪으며 어떻게든 고비를 넘기면 지나가는 문제가 아니기 때문이다. 금고가 비어가는 근본 원인은 장기간 지속한 저출산·고령화에 있다. 인제 와서 저출산·고령화 추세를 거꾸로 되돌리기는 불가능에 가까워 보인다.

　우선 건강보험의 재정 상태부터 자세히 살펴보자. 2022년 7월 감사원이 공개한 '건강보험 재정관리 실태'라는 제목의 감사 보고서가 있다. 보수 성향 언론들은 이 보고서를 인용하면서 이른바 '문재인 케어'의 영향으로 건강보험 재정 악화가 심해졌다고 보도했다. 실제로 그런 측면이 전혀 없는 건 아니다.

　그런데 이 보고서에는 더욱 주목해서 볼 부분이 있었다. 건강보험의 재정 적자가 장기적으로 감당하기 어려울 정도로 심해질 것이란 전망이었다. 이 보고서는 2040년 건강보험 누적 적자가 678조원, 2060년 누적 적자는 5765조원에 이를 것이란 수치를 제시했다. 정확히 말하면 국민건강보험공단의 내부 자료를 인용했다.

조 단위의 엄청난 수치만 봐선 실감이 나지 않을 수도 있다. 이렇게 생각해보면 좀 더 와 닿을 것이다. 통계청이 추산한 2060년 우리나라 총인구는 4230만 명이다. 2023년 12월에 발표한 장래인구 추계(2022~2072년)에 나온 수치다. 2060년 건강보험 누적 적자를 인구 1인당 평균으로 계산하면 1억3600만원이 넘는다. 이 시점에는 국가 부채나 국민연금 적자도 천문학적 수준을 기록할 것이다. 그런 부분을 제외하고 건강보험만 따져도 국민이 막대한 적자를 떠안을 수밖에 없는 상황이다.

건강보험 재정 적자의 위험을 경고한 건 감사원만이 아니다. 국회예산정책처는 2023년 10월 '2023~2032년 건강보험 재정전망'이란 보고서를 냈다. 이번에는 분석 대상 기간이 10년으로 비교적 짧았다. 그런데도 미래 전망은 암울했다. 국회 예산정책처는 2028년이면 건강보험 금고에서 그동안 모아둔 돈(누적 준비금)을 완전히 까먹고 마이너스로 돌아설 것이라고 내다봤다. 마침내 '금고가 비었다'는 말이 현실로 다가오는 시점이다.

이걸로 끝이 아니다. 한 번 마이너스로 돌아선 건강보험 재정은 해마다 적자 규모가 커질 수밖에 없다. 초고령사회로 들어선 우리나라의 인구 구조 때문이다. 건강보험료를 적게 내거나 아예 내지 않으면서도 병원에는 자주 가는 노인 인구가 계속 늘어난다. 반면 건강보험료를 많이 부담하는 현역 세대는 줄어든다. 인구 구조가 획기적으로 바뀌지 않는 한 누구도 막을 수 없는 현실이다. 결국 2032년에는 건강보험의 누적 적자가 61조6000억원에 이를 것이라고 국회 예산정책처는 전망했다.

그런데 사회적으로는 경각심을 별로 못 느끼는 분위기다. 당장 발등에 불이 떨어졌다는 느낌이 없어서다. 흔히 말하는 '냄비 속 개구리'와 비슷한 상황이다. 적어도 2023년까지는 건강보험이 누적 흑자를 기록하긴 했다. 언젠가는 건강보험 적자가 심각한 이슈로 떠오르겠지만 어쨌든 당장은 아니다. 아직은 얼마간 시간이 있다는 얘기다. 그렇다고 손 놓고 있을 수도 없다.

비유하면 이렇게 정리할 수 있다. 대홍수가 발생하고 큰 강의 상류에서 거센 물살이 밀려오고 있다. 다행히 하류 지역에선 아직 제방에 물이 넘치지 않았다. 이때까지 막연한 두려움은 있지만, 문제의 심각성을 체감하지 못한다. 그러다가 일단 제방이 무너지면 어떻게 될까? 순식간에 물이 밀려들어 하류 지역 마을을 덮치고 막대한 피해가 발생할 것이다. 그렇게 되면 너무 늦어버린다. 미리미리 제방을 더 높이고 취약점을 보수하지 않은 걸 두고두고 후회할 것이다.

조만간 건강보험이 구조적인 적자로 전환한다는 건 돌이키기 어려운 현실이다. 이런 식의 파국은 도저히 피할 수 없는 걸까? 굳이 따지면 한 가지 방법이 있긴 하다. 건강보험료를 대폭 올리는 방법이다. 뒤에 다시 언급하겠지만, 연금개혁보다는 건강보험료 인상이 상대적으로 쉬운 편이다. 국민연금 보험료율을 올리려면 법을 고쳐야 한다. 따라서 국회의원 과반수의 찬성을 받아야 한다. 여소야대 국회라면 여당 단독으로는 불가능하다.

반면 건강보험료 인상은 일정 한도까지 법을 고치지 않아도 된다. 매년 건강보험료율을 결정하는 곳은 국회가 아니다. 보건복지부 장관 산하의 민관 합동위원회(건강보험정책 심의위원회)의 권한이다. 줄여서 건정심이라고 부른다. 이곳의 위원장은 보건복지부 차관이 당연직으로 맡는다.

국민건강보험법에 의한 법정 상한 보험료율은 8%다. 다시 말해 소득의 8%까지는 법을 고치지 않아도 위원회의 의결로 보험료율을 올릴 수 있다. 2025년 기준 직장 가입자의 보험료율은 소득의 7.09%다. 아직 법정 상한까지는 0.91%포인트의 여유가 있다. 정부가 의지를 갖고 인상안을 마련한 뒤 건정심의 동의를 받는다면 즉시 보험료율을 인상할 수 있다.

그런데 누가 앞장설 것인가? 마치 '고양이 목에 방울 달기' 같은 상황이다. 정치인은 표를 잃을까 봐 두렵고, 유권자는 당장 돈을 더 내라는 게 싫다. 그렇다고 마냥 미루기만 한다고 뾰족한 해법이 생기는 것도 아니다. 정치적으로는 어렵고 힘든 일이지만 누군가는 반드시 해야 할 일이다.

공부하기 싫어하는 학생들은 어려운 숙제를 받으면 최대한 뒤로 미루는 경향이 있다. 윤석열 정부가 했던 게 딱 그렇다. 2024년과 2025

년에 2년 연속으로 보험료율을 동결했다. 과거에도 보험료율을 동결한 사례(2009년과 2017년)는 있었지만 2년 연속 동결은 처음이었다. 장기적으로 지속 불가능한 건강보험 재정 문제를 방치하고 개혁을 뒤로 미룰수록 미래의 부담은 더욱 커진다.

이 대목에서 고개를 갸우뚱하는 독자들이 있을 것이다. 도대체 건강보험에 어떤 문제가 있기에 보험료율을 올려야 한다고 말하는 걸까? 그동안 가입자들은 정부가 시키는 대로 꼬박꼬박 건강보험료를 납부했을 뿐이지 않나.

개인이 자발적으로 관심을 갖고 건강보험 재정을 들여다보는 경우는 드물 것이다. 직장 가입자라면 급여에서 건강보험료를 원천 징수했을 것이고, 지역 가입자라면 매달 고지서를 받아 보험료를 납부했을 것이다. 현재 건강보험의 문제는 성실하게 보험료를 납부한 가입자들의 잘못은 아니다. 그렇지만 더 이상 개혁을 미룰 수도 없는 상황이다. 다음 글에서는 건강보험이 어떤 구조인지, 왜 이렇게 됐는지 자세히 살펴보자.

2 한국의 의료 서비스: 경영자에게 가격 결정권이 없다

본격적인 얘기를 시작하기 전에 여기 마을에서 공동 관리하는 프랜차이즈 식당이 있다고 가정해 보자. 이 식당의 주인에겐 마음대로 음식값을 결정할 권한이 없다. 예컨대 본사가 프라이드치킨 한 마리에 2만원이라고 정했다고 치자. 그러면 좋든 싫든 식당 주인도 이 가격을 지켜야 한다. 설령 본사가 정한 치킨값이 원가에 못 미치더라도 식당 주인은 어쩔 수 없다. 임대료가 비싼 시내 한복판에 있는 식당이나, 임대료가 싼 변두리에 위치한 식당이나 가격은 똑같다. 종업원을 많이 고용한 식당이나, 주인 혼자 장사하는 식당이나 역시 가격은 똑같다.

만일 가격에 불만이 있으면 식당 주인이 본사에 이의를 제기할 수는 있다. 그러나 본사가 "안 된다"고 하면 그것으로 끝이다. 더 이상 어떻게 할 방법이 없다. 본사 몰래 손님에게 추가 요금을 받거나 할인 가격을 제공하는 것도 안 된다.

여기까지만 보면 일반 프랜차이즈 식당에서도 있을 수 있는 얘기로 들린다. 그런데 이 마을의 식당에는 근본적인 차이가 있다. 식당 주인에게 프랜차이즈 탈퇴가 허용되지 않는다는 점이다. 일반적인 경우라면 프랜차이즈를 탈퇴하고 본인의 식당을 차리는 게 대안이 될 수 있다. 실제로 현실에선 이런 사례를 어렵지 않게 볼 수 있다.

그런데 이 마을에선 오직 프랜차이즈 식당만 허용되고 나머지는 다 불법이다. 당연히 불법 식당은 엄격한 단속 대상이다. 걸리면 식당 문을 닫아야 하는 건 물론이고 막대한 벌금도 물어야 한다. 다시는 이 마을에서 장사할 수 없게 될 수도 있다. 그러니 식당 주인 입장에선 싫어도 할 수 없다. 마을 공동체가 정한 법이 그렇게 돼 있기 때문이다. 더구나 이 법이 바뀔 가능성은 거의 없다. 마을 주민의 대다수는 그게 옳다고 굳게 믿고 있어서다.

여기서 식당은 건강보험이 적용되는 의료기관, 프랜차이즈 본사는 정부와 건강보험공단을 비유적으로 표현한 것이다. 국내에선 모든 의료기관이 반드시 프랜차이즈에 가입할 의무가 있다. 전문 용어로 요양기관 당연지정제라고 한다. 국민건강보험법에 그렇게 규정돼 있다. 여기엔 예외가 없다. 비유하자면 프랜차이즈에 가입하지 않고 별도로 의료기관을 운영하는 건 허용되지 않는다.

단 한 가지 예외가 있긴 하지만 바늘구멍이다. 제주특별법(제주특별자치도 설치 및 국제자유도시 조성을 위한 특별법)에 근거를 둔 영리병원이다. 이렇게 특별법이 허용한 영리병원은 건강보험에 가입할 의무가 없다. 그러니 병원 경영자가 원하는 대로 의료 서비스 가격을 매길 수 있다. 식당 주인이 마음대로 음식값을 정할 수 있는 것과 마찬가지다. 이런 바늘구멍을 뚫어보려는 시도는 있었지만 결국 실패했다. 이 부분은 나중에 다시 살펴볼 것이다.

어쨌든 국내 의료 시장에선 본사라고 할 수 있는 정부의 지침이 절대적이다. 가격 결정권도 민간이 아니라 정부에 있다. 건강보험이 적용되는 의료 서비스에 대해선 의료기관이 자율적으로 가격을 결정할 권한이 없다. 이때 의료 서비스 가격을 의료 수가 또는 건강보험 수가라고 한다. 건강보험 수가의 결정권은 앞의 글에서 언급한 건강보험 정책 심의위원회가 갖고 있다. 여기서 결정한 가격이 싸면 쌀수록 소비자는 좋아하겠지만, 의료기관은 불만을 가질 것이다.

이렇게 불리한 조건 속에서도 의료기관은 이익을 내고 싶어 한다. 이 대목에서 오해하면 안 된다. 극히 예외적인 경우를 제외하면 의료는 자선사업이 아니다. 이익이 전혀 없다면 아예 사업을 시작하지도 않을 것이다. 처음부터 망할 작성을 하고 사업을 벌이는 사람은 없을 것이다. 설사 큰돈은 못 벌더라도 최소한 손해를 보면 안 된다. '밑지는 장사'는 오래 버티지 못한다.

현재 국내 대부분의 의료기관은 민간 비즈니스로 운영된다. 형식적으로는 비영리법인이라도 실질적으로 영리를 추구하고 있다. 다만 주주나 투자자에게 배당금의 형태로 이익을 돌려주지 못할 뿐이다. 거리에서 흔히 볼 수 있는 소규모 병·의원은 엄밀히 말해 자영업자와 별로 다를 게 없다. 경영 실패에 대한 책임은 고스란히 경영자 본인에게 돌아간다. 병·의원이 적자를 낸다고 정부가 그 돈을 메워주는 것도 아니다.

이때 당신이 식당 주인이라면 어떻게 할 것인가? 본사의 지침을 충실히 따르면서도 식당이 망하지 않으려면 반드시 이익을 내야 한다. 앞이 캄캄하다고 좌절할 필요는 없다. 꼼꼼히 잘 찾아보면 의외로 생존법이 보인다. 앞서간 선배들이 어떻게 했는지 살펴보는 게 가장 좋은 길이다. 크게 세 가지 방법을 생각할 수 있다.

첫째는 식당 회전율을 높이는 방법이다. 예컨대 매장 임대료가 월 100만원이라고 가정해 보자. 이 식당에서 한 달에 치킨 1000마리를 판다고 치자. 그러면 치킨 한 마리당으로 계산한 임대료 원가는 1000원이다. 그런데 식당 주인이 수완이 좋아서 한 달에 치킨 1만 마리를 판다면 어떻게 될까. 치킨 한 마리당 임대료 원가는 100원으로 떨어진다. 그러면 치킨 한 마리당 가격은 변함이 없더라도 원가 절감으로 이익을 낼 가능성이 커진다.

둘째는 인건비 절감이다. 당연히 식당 주방에는 요리사가 있어야 한다. 그런데 요리사의 인건비는 실력이나 경력에 따라 달라진다. 숙련된 요리사를 고용하면 서비스의 질은 높아지겠지만 그만큼 인건비가 비싸진다. 반면 초보 요리사를 쓰면 서비스의 질은 떨어지더라도 인건비는 아낄 수 있다.

만일 식당 규모가 커서 요리사 열 명을 고용해야 하는 식당이 있다면 어떤 결정을 할까? 이때 식당 주인은 세 가지 방법을 놓고 고민 중이다. 제1안은 숙련된 요리사만 열 명을 쓰는 것, 제2안은 숙련된 요리사 다섯 명에 초보 요리사 다섯 명을 쓰는 것이다. 제3안은 숙련된 요리사 한 명에 초보 요리사 아홉 명을 쓰는 것이다.

이 중에서 인건비를 가장 아낄 수 있는 방법은 뭘까? 두말할 필요도 없이 제3안이다. 손님 입장에서 마음에 들지 않아도 할 수 없다. 손님 입장에서 서비스 질을 유지하기 위한 최선책이 있고, 식당 주인 입장에서 인건비를 절감하기 위한 최선책이 있다. 이게 서로 다를 수 있다는 점을 인정해야 한다.

셋째는 본사의 가격 통제를 받지 않는 부가 메뉴를 열심히 파는 것이다. 예컨대 치킨 가격은 본사가 통제하지만, 맥주 등 술값은 식당 주인이 자율로 정할 수 있다고 가정해 보자. 식당 주인의 머릿속이 복잡해진다. 치킨에선 다소 손해를 보더라도 술에선 최대한 이익을 낼 방법을 열심히 연구할 것이다.

그중에는 수입 맥주를 다양하게 구비해서 손님의 선택권을 넓게 하는 방법을 생각할 수 있다. 좋은 재료를 쓴 수제 맥주를 신선한 상태로 제공하는 방법도 있을 것이다. 비싼 양주를 포함한 세트 메뉴를 개발하는 방법도 가능하다. 가급적 원가는 적게 들어가면서 손님이 좋아할 만한 주류 메뉴를 개발하는 게 식당 주인에게 가장 유리할 것이다. 그 방법을 찾아낸 식당은 돈을 벌 것이고, 그렇지 못한 식당은 망할 것이다.

도대체 이런 얘기가 의료시장과 무슨 관계가 있다는 걸까? 이렇게 생각하는 독자도 있을 것이다. 겉으로 보이는 게 전부는 아니다. 조금만 속살을 파헤쳐 보면 의외로 의료시장도 일반 비즈니스와 상당히 닮았다는 점을 알게 된다. 다음 글에서 좀 더 자세히 살펴보자.

3 한국형 '3분 진료'의 진실: 생각보다 장점도 많다

앞에서 언급한 세 가지 방법은 단순히 식당에서만 벌어지는 일이 아니다. 사실은 국내 의료기관도 이미 오래전부터 채택한 방법이다. 의료인에겐 환자의 생명을 지킨다는 숭고한 사명도 있지만, 다른 한편에선 비즈니스의 속성을 완전히 벗어날 수도 없다. 수입을 무시한 비즈니스는 결국 망할 수밖에 없기 때문이다. 건강보험의 엄격한 통제 안에서도 어떻게든 이익을 내야 하는 게 의료기관의 숙명이라면 숙명이다.

첫째 방법인 회전율 높이기는 현재도 많은 환자가 병·의원을 방문할 때마다 느끼는 점이다. 우리나라에는 다른 나라에 없는 '3분 진료'라는 말이 있다. '3분 카레' 같은 즉석식품에 의료를 빗댄 말이다. 실제로 환자들이 진료실에서 의사를 보는 시간은 몇 분 정도에 불과한 경우가 많다. 수많은 환자가 대기실에서 기다리는 사정도 생각해야 한다. 따라서 의사가 환자 한 명에게 할애할 수 있는 시간은 상당히 제한적이다. 요즘은 다소 길어졌다고 하지만 여전히 외국에 비해선 짧게 느껴진다.

만일 3분 진료를 없애면 어떻게 될까? 예컨대 환자 한 명당 30분 정도씩 의사를 볼 수 있게 하는 경우를 생각해 보자. 지금은 환자 열 명 정도를 볼 수 있는 시간을 단 한 명에게 할애하는 셈이다. 그게 꼭 환자에게 좋은 일일까? 쉽게 답할 수 없는 문제다.

일단 환자들은 병원 예약이 매우 어려워질 것이다. 당장 예약 가능 인원이 10분의 1로 줄어들기 때문이다. 지금도 '빅5'로 불리는 대형 종합병원은 '예약 전쟁'이란 말이 나올 정도로 진료 예약을 잡기가 어렵다.

그런데 예약 가능 인원이 대폭 줄어들면 어떻게 될까? 그때부터 빅5 병원의 예약은 '하늘의 별 따기'가 될지 모른다. 운 좋게 예약을 잡은 환자는 의사와 길게 볼 수 있어서 좋지만, 그보다 훨씬 많은 환자가 예약을 잡지 못해 아우성을 칠 것이다.

병원 입장에서도 별로 좋을 게 없다. 회전율이 낮아진 만큼 원가는 비싸진다. 그런데 정부의 통제를 받는 의료 서비스 가격은 올리지 못한다. 의사 1인당 환자 수가 적어졌으니 의사 월급을 깎자고 하기도 어렵다. 이대로 하면 병원이 망할 수밖에 없다는 소리가 나올 것이다.

그럼 외국에선 어떻게 진료 시간을 길게 할 수 있을까? 여기엔 두 가지 방법이 있다. 우선 의사의 준공무원화다. 사실상 공무원처럼 정부가 의사를 고용하고 의사 월급도 정부가 주는 방식이다. 의사 입장에선 월급이 같다면 환자를 적게 볼수록 일이 편해진다. 하루 8시간 근무하는 의사가 환자 1인당 1시간씩 할애한다면 하루 여덟 명의 환자만 보면 된다.

이건 영국 등 공공병원이 발달한 나라에서 하는 방식이다. 당연히 환자 입장에선 병원 예약이 매우 어렵다. 의사를 보기 위해 대기하는 시간도 이루 말할 수 없을 정도로 길어진다. 우리나라에선 간단한 수술도 영국에선 몇 달씩 기다려야 하는 경우가 흔한 이유다. '빨리빨리'에 길든 한국 사람에겐 답답하기 그지없는 방법이다.

그게 아니면 의료 서비스 가격을 비싸게 받는 방법도 있다. 의사가 환자 열 명을 볼 시간에 한 명을 본다고 치자. 그러면 환자 한 명에게 10배의 의료비를 받으면 된다. 이렇게 하면 병원 입장에서 의료비 수입은 동일하다. 만일 환자 한 명에게 20배나 30배의 의료비를 받을 수 있다면 병원 입장에선 더 많은 수입이 생길 것이다.

가격 결정권이 민간 병원에 있다면 불가능한 얘기가 아니다. 미국 같은 나라가 여기에 해당한다. 환자 입장에선 의료비 부담이 매우 커질 것이다. 만일 보험조차 없는 환자라면 천문학적인 의료비 지출을 감수해야 할 수도 있다.

다시 말해 우리나라의 '3분 진료'는 나름의 합리성을 갖고 있다고 봐야 한다. 환자와 병원 사이에서 적당한 타협점을 찾은 결과다. 단점도 분명히 있지만, 의료비 절감이나 예약 대기 단축 같은 장점도 무시할 수 없다. 어쩌면 '빨리빨리'에 익숙한 한국인에게는 영국이나 미국식보다는 '3분 진료' 같은 방식이 더 맞을지도 모르겠다.

둘째 인건비 절감은 대학병원 전공의를 생각하면 이해가 쉬울 것이다. 대학병원 교수는 인건비가 비싸고 인턴·레지던트 같은 전공의는 인건비가 싸다. 전공의들은 밀려드는 환자를 보기 위해 쪽잠을 자며 병원에서 살다시피 한다. 하지만 최저임금도 제대로 받지 못한다. 법적으로 근로자가 아니라 수련생이라고 보기 때문이다. 심지어 이들에겐 주 52시간 근무제도 적용되지 않는다.

전공의들의 근무 강도는 의료인이 아닌 사람들은 상상하기도 어려울 정도다. 현행 전공의 특별법(전공의의 수련환경 개선 및 지위 향상을 위한 법률)의 해당 조문을 찾아보면 이렇게 돼 있다. "제7조(수련시간 등) ① 수련병원 등의 장은 전공의에게 4주의 기간을 평균하여 1주일에 80시간을 초과하여 수련하게 하여서는 아니 된다. 다만, 교육적 목적을 위하여 1주일에 8시간 연장이 가능하다. ② 수련병원 등의 장은 전공의에게 연속하여 36시간을 초과하여 수련하게 하여서는 아니 된다. 다만, 응급상황이 발생한 경우에는 연속하여 40시간까지 수련하도록 할 수 있다. ③ 수련병원 등의 장은 전공의에게 대통령령으로 정하는 연속수련 후 최소 10시간의 휴식시간을 주어야 한다."

어렵게 들릴 수도 있지만 정리하면 이런 뜻이다. 우리나라 병원의 전공의는 원칙적으로 주 80시간까지 근무할 수 있다. 필요하다면 주 88시간 근무도 가능하다. 그리고 한 번에 36시간까지는 쉬지 않고 계속 일하게 할 수 있다. 응급상황에선 한 번에 40시간까지도 쉬지 않고 일하게 할 수도 있다. 전공의에게 이런 식으로 장시간 근무를 시킬 수 있는 건 근로기준법이 적용되지 않기 때문이다. 그래서 법에서도 '근무'가 아니라 '수련'이라고 표현하고 있다. 전공의 입장에선 근무나 수련이나 사실상 같은 뜻이다. 과거엔 몰라도 지금까지 이렇게 격무에 시달리는 직종은 아마 다른 데선 찾기 어려울 것이다.

그렇지만 전공의들도 엄연히 국가시험을 통과하고 의사 면허증을 딴 사람들이다. 병원 경영자 입장에선 전공의들을 최대한 많이 활용할수록 병원 수입을 늘릴 수 있다. 의료 서비스 가격은 동일한데 인건비는 싸게 먹히기 때문이다. 2024년 전공의들이 집단 사직서를 내고 의료 현장을 떠나자 주요 병원들이 대규모 적자에 시달린 것도 이런 이유가 있어서다.

셋째 본사의 가격 통제를 받지 않는 부가 메뉴는 비급여 진료를 가리킨다. 전문 용어가 나왔다고 너무 어렵게 생각하지 않아도 된다. 건강보험이 적용되는 건 급여 진료, 건강보험이 적용되지 않는 건 비급여 진료다. 예컨대 동네 의원에 가서 비타민 주사를 맞았다면 대부분 건강보험이 적용되지 않는 비급여 진료일 것이다.

비급여 진료는 의료기관이 자율적으로 가격을 정할 수 있다. 이런 비급여 진료가 많으면 많을수록 병원 경영자의 수입도 늘어난다. 다만 너무 비싼 가격을 매기면 환자가 부담을 느끼고 다른 병원으로 갈 것이다. 적정한 가격으로 최대한 많은 비급여 진료를 제공하는 게 병원 수입을 늘리는 데는 가장 유리할 것이다.

지금까지 우리나라 건강보험의 특성을 프랜차이즈 식당의 비유를 통해 알아봤다. 건강보험은 외국에도 있지만, 현재 운영 중인 제도는 한국적 특수성이 매우 강하다. 현실은 민간 비즈니스인데 정부의 가격 통제는 절대적이다. 식당 같으면 본사에 불만이 있을 경우 프랜차이즈를 탈퇴하고 별도의 식당을 차리겠지만, 의료기관은 원천적으로 불가능하다. 이렇게 한계는 있지만 나름의 합리성도 있는 제도인데 왜 건강보험 기금이 고갈된다고 하는 걸까? 그 이유는 한마디로 인구구조에 있다. 다음 글에서 이 문제를 자세히 살펴보겠다.

4 마침내 현실로 닥친 초고령사회: 피할 수 없는 인구 위기

　노인 인구의 폭발적 증가는 한국 사회에서 정해진 미래다. 이제는 아무리 피하려고 해도 피할 도리가 없다. 2025년은 우리나라 노인 인구(65세 이상) 비율이 전체 인구의 20%를 넘어선 해다. 마침내 한국도 초고령사회에 들어섰다는 뜻이다. 다시 말해 인구 다섯 명 중 한 명꼴로 65세 이상 노인인 사회가 됐다.

　우리나라에서 인구 관련 통계는 두 종류가 있다. 통계청 인구조사와 행정안전부 주민등록 인구 통계다. 둘은 비슷하면서도 약간 다르다. 행정안전부의 주민등록 인구로는 2024년 12월 23일 기준으로 초고령사회에 진입했다. 행정안전부는 이날 기준 65세 이상 주민등록 인구를 1024만4550명으로 집계했다. 전체 주민등록 인구(5122만1286명)에서 65세 이상 노인이 정확히 20%를 기록했다. 2017년 8월 고령사회(노인 인구 비중 14% 이상)에 진입한 지 7년 4개월 만이다.

　한국의 초고령사회 진입은 세계에서 유례가 없을 정도로 빠른 속도다. 고령사회나 초고령사회는 유엔이 세계 각국의 인구 고령화 수준을 분석할 때 사용하는 용어다. 이른바 단군 이래 한 번도 경험해 보지 못한 나라가 현실로 닥쳐왔다.

물론 이게 끝이 아니다. 노인 인구가 증가하는 속도는 시간이 갈수록 더 빨라진다. 통계청이 2023년 12월 발표한 보고서('장래인구 추계: 2022~2072년')에 주목할 필요가 있다. 향후 50년간 우리나라 인구 변화를 추정한 자료다. 원래 통계청은 5년마다 한 번씩 장래인구 추계를 발표했다. 그런데 수년 전부터 2~3년마다 한 번씩 발표하는 것으로 바꿨다. 5년에 한 번씩 발표하는 것으로는 급변하는 인구 구조 변화를 따라잡기 어렵다는 판단에서다.

통계청은 세 가지 시나리오를 제시했다. 그중 중간 시나리오(중위 추계)를 기준으로 자세히 들여다보자. 한국의 노인 인구는 언제까지 얼마나 늘어날까? 통계청 분석에 따르면 노인 인구가 정점을 찍는 시점은 2050년이다. 이른바 'MZ세대'에 속하는 1985년생이 65세 노인이 되는 해다. 이때쯤 65세 정도라면 지금처럼 노인 모임에 끼워주지도 않을지 모르겠다. 사회 전체적으로 노인을 바라보는 시각이 많이 달라질 수밖에 없다는 건 어렵지 않게 예상할 수 있다.

어쨌든 2050년까지는 우리나라 노인 인구가 잠시도 쉬지 않고 늘어나기만 할 전망이다. 통계청이 예상한 2050년 노인 인구는 1891만 명이다. 2025년(1051만 명)과 비교하면 840만 명이 증가한 수치다. 매년 평균 33만~34만 명이 새롭게 노인 인구에 편입한다. 전체 인구에서 노인 인구가 차지하는 비율은 2050년 40%에 이를 전망이다. 인구 다섯 명 두 명꼴로 65세 이상이란 뜻이다.

일부에선 노인의 기준을 지금처럼 65세 이상이 아니라 70세 이상 등으로 바꾸자는 말도 나온다. 냉정하게 말하자면 '통계 착시'에 가깝다. 일단 유엔을 비롯한 국제 사회에서 통계를 작성할 때 적용하는 기준이 65세 이상이다. 글로벌 스탠더드를 무시하고 한국 마음대로 통계를 바꾼다고 다른 나라들이 따라올 리가 없다. 오히려 통계 분석이나 관련 연구에 혼란만 줄 수 있다.

노인 기준을 바꾼다고 연령별 인구 구조가 달라지는 게 아니란 점도 무시할 수 없다. 65세 이상 70세 미만의 인구수는 변함이 없는데, 어느 날 갑자기 이들을 노인으로 분류하지 않겠다고 해서 뭐가 그렇게 달라지겠는가. 어딘가 문제가 있으면 그 문제를 직시하고 해결책을 찾아야지, 문제를 회피하고 눈을 감아버리는 건 올바른 해법이 아니다.

물론 노인이라고 다 같은 노인은 아니긴 하다. 분명히 60대 노인과 70대 노인, 80대 노인은 건강 상태를 포함한 여러 가지 측면에서 차이가 있다. 그러니 일본처럼 전기 고령자(65~75세)와 후기 고령자(75세 이상)로 구분하는 방식도 일리가 있다. 일본 내각부는 매년 발표하는 '고령사회백서'에서 노인 인구를 이렇게 구분한다. 한국 통계청도 매년 '고령자 통계'를 발표한다. 여기에선 일본식으로 전기·후기 고령자라는 기준을 채택하진 않았다. 대신에 60대, 70대, 80대 이상이란 연령대별 고령자의 기준을 사용하고 있다.

노인 인구의 증가는 필연적으로 복지 비용의 증가로 이어진다. 이들이 살아 있는 한 의식주를 유지하기 위한 생활비가 필요하다. 나이가 들면 여기저기 아픈 곳이 많아진다. 당연히 노인 병원비 지출도 늘어난다. 개인이나 가족이 이런 비용을 감당하지 못하면 사회 전체의 복지 시스템으로 떠맡을 수밖에 없다.

그럼 2050년 이후에는 어떻게 될까. 노인 인구의 절대 숫자는 조금씩 줄어들기 시작한다. 다행이라고 안도할 수 있는 상황은 전혀 아니다. 이때쯤이면 새로 65세 이상 노인으로 진입하는 인구보다 각종 질병이나 사고로 세상을 떠나는 노인이 더 많아진다. 인구 구조가 악화할 대로 악화한 상황에서 새로운 흐름이 나타나는 것이라고 할 수 있다.

물론 우리 사회의 총인구가 감소하는 속도는 노인 인구가 감소하는 속도보다 더 빨라질 것이다. 통계청은 2041년을 기점으로 총인구 5000만 명 선이 무너지고, 2060년대에는 총인구 4000만 명 선도 붕괴할 것으로 예상했다.

일부에선 "한국인이 소멸한다"는 전망까지 나오지만, 너무 걱정할 필요는 없다. 실제로 그런 일이 닥칠 가능성은 극히 낮을 것이다. '종말론적 세계관'은 수많은 사람에게 공포를 안겨주는 수단으로는 효과적이겠지만, 실제로 한국인이 지구 위에서 완전히 사라진다는 종말론적 시나리오는 지나친 상상이다. 그렇더라도 노인 비중이 매우 높은 사회는 장기적으로 유지될 수밖에 없고, 그 과정에서 수많은 문제가 터져 나올 것이다.

흔히 '저출산-고령화'라고 하니까 노인 인구 문제를 저출산 문제와

한데 묶어서 생각하는 사람을 흔히 볼 수 있다. 여기서 주의할 포인트가 있다. 만에 하나 저출산 문제가 어느 정도 완화되면 노인 인구 문제도 저절로 풀려나갈 것으로 착각하면 결코 안 된다. 2050년까지는 어떠한 시나리오에도 변하지 않는 사실이 있다. 전체 인구에서 노인이 차지하는 비율은 달라질 수 있어도 노인 인구의 절대 숫자는 줄어들지 않는다는 점이다.

혹시라도 미래에 젊은 인구가 많아진다면 그것은 총인구가 증가하는 것이지 노인 인구의 감소로 연결되지 않는다는 점을 명심해야 한다. 2050년 이후엔 노인 인구의 절대 숫자가 다소 감소하긴 한다. 하지만 젊은 사람들이 더 많이 줄어드는 만큼 사회적인 부담은 더욱 커질 것이다.

인구 고령화는 농촌 지역만의 문제가 아니다. 부산 등 일부 대도시도 심각한 상황이다. 부산 시민들 사이에서 '노인과 바다'라는 자조 섞인 말이 나온 지도 이미 오래됐다. 젊은 사람들은 수도권으로 떠나고 이제는 노인만 남았다는 자조적 표현이다. 우리나라 제2의 도시라는 타이틀도 머지않아 인천에 넘겨줄 것으로 보인다.

지역별 장례인구 추계에 대해선 통계청이 2024년 5월에 발표한 자료가 있다. 이 자료를 보면 서울과 6대 광역시도 심각한 상황이다. 2035년이면 세종시를 제외한 전국 16개 시·도가 초고령사회가 된다. 특히 부산과 대구에선 노인 인구가 전체 인구의 세 명 중 한 명꼴로 많아진다.

동시에 일할 나이의 인구는 빠르게 줄고 있다. 국내 생산연령인구(15~64세)는 이미 2019년을 고비로 감소세로 돌아섰다. 통계청은 2030년 생산연령인구를 3417만 명으로 전망했다. 가장 큰 원인은 베이비붐 세대의 은퇴다. 통계청은 2020년대에는 생산연령인구가 연평균 32만 명, 2030년대에는 연평균 50만 명이 감소할 것으로 전망했다.

노인 복지에 필요한 돈은 급격하게 증가할 텐데 그 돈을 부담할 사람은 빠르게 줄어든다. 조만간 우리 사회가 마주할 수밖에 없는 위기의 본질이다. 이대로 가다간 젊은 세대의 복지 비용 부담이 감당할 수 없을 정도로 불어난다. 복지 제도의 구조조정이 시급하다. 그런데 정치권은 공허한 정쟁을 벌이면서 시간만 낭비하고 있다. 심지어 정치적 이익을 위해 '공든 탑'을 무너뜨리는 일도 서슴지 않는다. 미래 세대에 희망을 주기는커녕 죄를 짓지는 말아야 한다.

실패한 의료개혁,
상황을
더욱 악화시키다

1   윤석열 표 의료대란의 후유증: 재정 고갈이 빨라진다

2024년 윤석열 정부의 의료대란은 오랫동안 한국 사회에 깊은 후유
증을 남길 것이다. 그전에도 의료계와 정부가 심각한 갈등을 빚은 적
은 있었지만, 이 정도까지는 아니었다. 대개는 몇 달 안에 타협책을 찾
고 갈등을 봉합하는 식으로 마무리했다.

그런데 2024년 의대 증원이 촉발한 의정 갈등은 이 글을 쓰는 2025
년 1월까지도 해법을 찾지 못하고 표류하고 있다. 정부도 잘못이 있
고 의료계도 잘못이 있어서 어느 한쪽을 일방적으로 두둔할 생각은 없
다. 앞으로 어떤 결과가 나올지는 모르겠지만, 정부와 의료계의 어느
쪽도 결코 승자라고 할 수 없을 것이다. 최대 피해자는 환자들, 다시
말해 국민이다.

현재 상황이 답답할 때는 과거를 돌아보는 게 도움이 될 수 있다.
2000년 의약분업 사태 때도 의료계와 정부의 갈등이 심각했다. 당시
사건이 한국 의료시장에 획기적인 전환점이 됐다는 점을 부정하는 사
람은 없을 것이다. 의약분업을 한마디로 정리하면 '진료와 처방은 의

사에게, 조제는 약사에게'라고 할 수 있다.

1990년대 이전에 병·의원이나 약국을 이용해본 경험이 있는 30대 이상은 아마 기억할 것이다. 그때는 환자가 병원에서 진료를 받으면 원내에 있는 약국에서 약을 받아갔다. 큰 병원뿐 아니라 동네 병·의원도 마찬가지였다. 감기·몸살 같은 가벼운 질환은 굳이 병원을 찾아가지 않아도 됐다. 환자가 약국에 가서 간단하게 증상을 말하면 약사가 항생제 등을 포함한 조제약을 건네줬다. 굳이 본인이 아니라 가족이 약국을 찾아가도 약을 받아갈 수 있었다. 이런 걸 법으로 못하게 한 게 의약분업이다.

의약분업은 태생적으로 건강보험 지출이 늘어날 수밖에 없는 구조를 안고 있었다. 환자 입장에선 그전에 원스톱으로 진료·처방·조제를 해결할 수 있었지만, 의약분업 이후에는 그게 불가능했다. 뭔가 절차가 복잡해진다는 건 비용이 증가하는 것과 자연스럽게 이어진다.

초기에는 복제약 처방을 둘러싼 논란도 있었다. 의사는 복제약보다 오리지널 의약품의 처방을 선호했는데, 대개는 오리지널약이 복제약보다 가격이 비쌌다. 그렇다고 의사 입장에선 굳이 값싼 복제약을 처방할 이유가 없었다. 의약분업으로 환자가 병·의원과 약국을 따로 가야 하고 약값도 비싸진 만큼 건강보험의 부담이 커졌다.

결국 2000년 건강보험 재정은 2조원 가까운 적자를 내고 말았다. 김대중 대통령은 건강보험 재정 악화를 이유로 최선정 보건복지부 장관을 경질했지만, 민심은 쉽게 수습되지 않았다. 정부는 부랴부랴 건강보험 가입자가 내는 보험료를 인상했다.

엄밀히 말해 사회보험료는 세금과 차이가 있지만, 강제로 내야 하는 돈이란 점에서 일반 국민이 피부로 느끼는 건 세금 인상이나 마찬가지였다. 의약분업이 정치적으로도 엄청난 파문을 불러왔던 배경이다. 야당인 한나라당은 의료 정책의 실패를 국민에게 떠넘기는 것이라고 비난하고 나섰다. 반면 여당인 새천년민주당의 지지율은 뚝 떨어졌다.

정부는 의약분업에 반발하는 의사들을 설득하기 위해 몇 가지 '당근'을 던져줬다. 그중 하나는 의료 수가 인상이었다. 의약분업으로 병·의원에서 직접 약을 짓지 못하는 만큼 병·의원의 수입 감소는 불가피했다. 그걸 달래기 위해 정부는 다섯 차례에 걸쳐 의료 수가를 50% 가까이 올려줬다.

다른 하나는 의대 정원 감축이었다는 게 정부의 설명이다. 의약분업 이전에 3409명이었던 의대 정원은 2006년부터 3058명으로 조정했다. 이렇게 해서 줄어든 의대 정원은 351명이었다. 다만 의료계는 이런 정부 입장에 동의하진 않는다. 2024년 10월 의사협회 의료정책연구원이 발표한 보고서는 이미 1990년대 후반부터 무분별한 의대 신설과 의학 교육 부실 등의 이유로 의대 정원 감축이 논의되고 있었다고 설명하기도 했다.

이렇게 결정된 의대 정원은 2024년까지 18년 동안 그대로 유지됐다. 그런데 2024년 2월 6일 윤석열 정부의 '폭탄선언'이 나온다. 조규홍 보건복지부 장관이 언론 브리핑을 통해 발표한 '의사 인력 확대 방안이다. 2025년도 신입생부터 의대 정원을 2000명 증원하는 게 핵심이었다. 조 장관은 국회에서 의대 증원 결정은 자신의 판단이라고 주장했다. 하지만 그 이후 전개 과정을 보면 윤석열 대통령의 강력한 지시와 압박이 있었다는 걸 부정하기 어렵다.

조 장관의 발표 직후 의료계는 벌집을 쑤신 듯 난리가 났다. 그전에도 정부가 의대 정원을 늘리겠다는 뜻을 밝혀왔기 때문에 의료계도 어느 정도의 증원은 예상하고 있었다. 의료계 내부에선 비공식적으로 300~500명 정도 증원은 받아들여야 하지 않겠냐는 의견도 있었다. 그런데 한꺼번에 2000명이나 증원한다는 발표는 예상치 못한 일이었다고 한다.

대학들도 갑자기 늘어난 의대생을 교육할 준비가 전혀 안 된 상태였다. 발표 이후에도 정부가 2000명이란 숫자에 과도한 집착을 보이며 경직된 태도로 일관한 점도 이해하기 어려웠다. 이런 태도가 각종 음모론이 판치기 쉬운 토양을 제공했다고 본다. 나중에 정부가 2025학년도 의대 증원 규모를 1500명 수준으로 조정하긴 했지만, 의료계의 반발을 잠재우고 여론을 되돌리기엔 역부족이었다.

절차적으로도 정부가 너무 일방적으로 밀어붙인 점은 동의하기 어려웠다. 정부는 의정협의회 등에서 의료계와 증원 규모를 논의했다고 주장했지만, 의료계는 그런 논의는 없었다고 반발했다. 정부는 도대체 무슨 근거에서 2000명이란 숫자가 나왔는지 끝내 설명하지 못했다.

초기에는 정부가 일부 연구 논문을 2000명 증원의 근거로 제시하기도 했지만, 정작 논문 저자들은 그런 식의 설명은 자신들의 논문을 왜

곡하는 것이라고 반박하고 나섰다. 일본처럼 의료계가 참여하는 의사 수급분과회 같은 기구를 만들어 의대 증원을 논의했다면 사회적 갈등이 훨씬 덜했을 것이다.

대형 종합병원 전공의들은 정부의 의대 증원에 반발하며 집단으로 사직서를 제출했다. 2024년 의료대란에선 이게 결정타가 됐다. 정부는 사직서 수리 금지 명령과 업무개시 명령을 내리며 강경 대응했지만 별로 효과가 없었다.

전공의들이 파업이 아니라 사직을 선택했다는 점에 유의할 필요가 있다. 만일 파업이나 집단 휴진 또는 진료 거부였다면 정부가 국민 건강권을 내세워 진료 개시를 강요할 명분이 있었다. 하지만 강제 노동을 금지하는 자유민주주의 국가에서 정부의 사직서 수리 금지 명령은 상식적으로 납득하기 어려운 조치였다. 시간이 흘러도 사태가 진정되지 않자 정부는 결국 기존 명령을 철회하고 전공의들의 사직서를 받아들일 수밖에 없었다.

혹시라도 오해는 없길 바란다. 필자는 의대 증원 자체에 반대하는 건 아니다. 사회적 논의를 거쳐 의대 증원이 필요하다고 한다면 얼마든지 증원할 수도 있다고 본다. 하지만 몇 년간 단계적인 증원도 아니고 한꺼번에 2000명이란 증원 규모는 아무리 봐도 지나친 면이 있었다.

2024년 4월 총선 직후 실시한 여론조사에서도 이런 의견이 좀 더 많았다. 한국갤럽이 2024년 4월 16~18일 전국의 18세 이상 1000명을 대상으로 진행한 여론조사 결과를 살펴보자. 이 조사에선 대통령·정당

지지율과 함께 의대 증원 규모에 대한 의견도 물었다. 정부 안대로 의대 정원을 2000명 늘려야 한다는 응답은 41%였다. 반면 규모와 시기를 조정한 중재안을 마련해야 한다는 응답은 47%, 의대 증원을 하지 말아야 한다는 응답은 7%로 집계됐다. 다시 말해 응답자의 54%가 정부 안에 동의하지 않는다는 의견을 가졌던 것으로 나타났다.

시간이 갈수록 여론의 변화는 두드러졌다. 서울대 보건대학원이 2025년 1월에 발표한 여론조사 결과를 보면 그렇다. 2024년 12월 20~24일 한국리서치에 의뢰해 전국 18세 이상 성인 1000명을 대상으로 진행한 '보건의료 개혁 정책에 대한 국민인식 조사'였다. 이 조사의 핵심은 정부와 의료계의 갈등이 1년 가까이 이어지면서 국민 대다수가 피로감과 스트레스를 느낀다는 것이었다.

이 조사에서 응답자의 절반 이상(57.7%)은 한국의 의사 수가 적정 수준보다 모자란다고 답했다. 하지만 의대 증원 2000명이란 정부 안에 대해선 의견이 크게 엇갈렸다. 의대 증원의 시기와 규모 모두 동의하지 않는다는 응답(29%)은 증원 시기와 규모에 모두 동의한다는 응답(27.2%)보다 많았다. 의대 증원의 시기나 규모 중 하나는 동의하지만 다른 하나는 동의하지 않는다는 응답은 34.8%였다.

응답자의 열 명 중 약 일곱 명(69%)은 정부와 의사집단의 갈등은 막을 수 있었다고 봤다. 의료계와 정부의 갈등이 촉발한 원인으로는 '사전에 정책에 대한 주요 이해관계자의 신뢰도를 파악해 협력을 모색할 현실적인 방안을 마련하지 못한 것'(61.9%)을 꼽았다.

2   건보료 인상 피할 수 없다: 인상 폭은 얼마나?

　의료대란이 결과적으로 건강보험 재정의 악화를 가속했다는 점은 분명하다. 국회 예산정책처에서 2024년 12월에 낸 보고서('의료개혁과 비상진료대책을 반영한 건강보험 재정 전망')를 살펴보자. 2024년 의료대란이 없었더라도 이미 건강보험 재정은 위태로운 상태였다. 의료대란으로 인한 영향을 제외해도 건강보험 재정은 2026년에 적자로 돌아서고 2030년에 적립금이 한 푼도 남지 않을 것이란 게 국회 예산정책의 계산이다. 여기에 의료대란으로 인한 충격이 겹치면서 건강보험 재정은 2025년에 적자로 돌아서고 2028년에는 적립금이 한 푼도 남지 않을 것으로 전망했다.

　국회 예산정책처가 의료대란으로 인한 건강보험 재정 악화의 요인으로 꼽은 건 두 가지다. 첫째는 이른바 '의료개혁'과 그 후속 조치다. 국회 예산정책처는 여기에 필요한 돈을 20조5000억으로 추산했다. 그 중에서도 '상급종합병원 구조전환'이란 명목으로 3년간 10조원이 들어간다.

여기엔 대형 종합병원에서 전공의에 대한 의존도를 줄이는 내용도 포함했다. 쉬운 말로 풀면 전공의가 빠져도 대형병원이 문제없이 굴러갈 수 있게 하겠다는 뜻이다. 당연히 공짜는 아니다. 대형병원에서 교수나 전임의를 더 뽑고 진료 체계를 바꾸는 데는 막대한 돈이 들어간다.

둘째는 비상진료체계를 운영하는 데 들어가는 돈이다. 전공의들의 집단 사직으로 발생한 진료 공백을 메우기 위해서다. 만일 정부가 의대 증원 2000명을 추진하지 않았다면 쓰지 않아도 됐을 비용이다. 국회 예산정책처가 추산한 금액은 1조7000억원이다. 첫째와 둘째 요인과 합치면 2033년까지 32조2000억원이 더 들어간다는 계산이다. 이 돈은 고스란히 건강보험 재정 부담, 즉 국민의 호주머니에 부담이 될 수밖에 없다.

물론 건강보험 재정 악화의 원인을 2024년 의료대란에서만 찾을 순 없다. 의료대란은 가뜩이나 취약한 건강보험 재정에 무거운 돌을 추가로 얹었을 뿐이다. 그렇다면 의료대란 이전의 건강보험 재정은 어떤 상태였는지도 알아보자.

2024년 2월 4일 보건복지부는 '제2차 국민건강보험 종합계획'이란 자료를 발표했다. 국민건강보험법 제3조의2(국민건강보험종합계획의 수립 등)에 의해 5년마다 의무적으로 세워야 하는 법정 계획이다. 이 자료의 뒷부분에는 향후 5년간 건강보험 재정 상황에 대해 전망이 담겨 있었다. 2025년까지는 건강보험 재정이 흑자를 유지하겠지만,

2026년부터는 적자로 돌아설 것이란 내용이었다.

과거에도 건강보험 재정이 적자를 기록한 적이 있었다. 단기적인 적자에 그치고 중장기적으로는 다시 흑자로 돌아섰다. 하지만 이번에는 전혀 상황이 다르다. 이번에 예고된 건강보험 적자는 일시적인 현상이 아니라는 데 문제의 심각성이 있었다.

적자 규모도 시간이 갈수록 커진다. 2026년에는 3072억원, 2027년에는 7895억원에 이르고 2028년에는 1조5836억원까지 불어날 것으로 예상했다. 이런 수치는 앞에서 언급한 2024년 의료대란과 비상진료계획으로 인한 건강보험 재정 악화를 제외한 것이다. 그러니 2026년 이후 실제로 마주해야 하는 건강보험 재정 상태는 더욱 암담하다고 할 수 있다.

건강보험이 적자로 돌아선다고 당장 정부가 의료비 지급을 중단하거나 하는 파국이 닥치는 것은 아니다. 당분간 버틸 수 있는 여력은 있다. 건강보험 재정에 여윳돈(준비금)이 있어서다. 그동안 건강보험 가입자들에게 거둔 보험료 수입과 정부 지원금 중에서 의료비 등으로 지출하고 남은 돈이다. 만일 2024년 의료대란이 없었다면 이 돈은 최소한 30조원을 넘어설 것으로 예상했다. 하지만 이대로 가면 건강보험 준비금도 예상보다 빠르게 소진될 전망이다.

건강보험 재정에 문제가 생긴다면 국민에게 보험료를 더 거두거나, 세금으로 메울 수밖에 없다. 정부는 향후 5년간 건강보험 재정 전망에서 건강보험료율을 매년 평균 1.49% 인상하는 것을 전제로 계산했다.

2023년 인상률(1.49%)과 같은 수준이다. 이렇게 2025년 건강보험료율을 올려도 2026년에는 건강보험 적자를 면치 못할 것이란 계산이었다.

그런데 현실은 거꾸로 갔다. 윤석열 정부는 2025년 건강보험료율을 전년과 같은 수준(소득의 7.09%)으로 동결했다. 2024년에 이어 2년 연속 동결이었다. 그 전에도 건강보험료율을 동결한 적은 있었지만 2년 연속 동결은 처음이었다. 당장은 정치적으로 도움이 될지는 몰라도 중장기적으로는 무책임한 결정이었다.

만일 건강보험 재정이 풍부하고 앞으로 고갈될 걱정이 없다면 얼마든지 보험료율을 동결해도 좋을 것이다. 실제로는 전혀 그렇지 않다. 의료대란이 아니라도 인구 고령화 효과로 의료비 지출은 늘어날 수밖에 없는 구조다. 이걸 정부도 모르지 않는다. '제2차 국민건강보험 종합계획'에도 "중장기 재정 건전성 악화에 대비하여 적정 보험료율, 국고 지원 등 수입 확충 방안에 대한 사회적 논의를 추진하겠음"이란 문구가 들어가 있다. 하지만 말로만 그치고 행동은 정반대로 갔다.

2022년 5월 출범한 윤석열 정부에는 세 번의 건강보험료율 조정 기회가 있었다. 그런데 한 번(2023년)은 1.49% 인상했지만, 두 번(2024년과 2025년)은 동결했다. 사실 2023년 건강보험료율 1.49% 인상도 높은 게 아니었다. 2017년(전년 대비 동결) 이후 6년 만에 가장 낮은 인상률이었다. 코로나19 이전인 2019년에는 전년 대비 3.49% 올린 적도 있었다.

건강보험과 국민연금은 인구 고령화에 따라 심각한 모순을 안고 있지만, 태생적인 차이점도 있다. 사회보험은 재정 운용 방식에 따라 적립식과 부과식으로 나뉜다. 적립식의 대표적인 사례가 국민연금이라면 부과식의 대표적인 사례는 건강보험이다. 적립식은 가입자에게 받은 돈을 쌓아두고 금융시장 등에서 굴리다가 나중에 가입자에게 연금 등으로 돌려준다. 반면에 적립식은 원칙적으로 한 해 동안 지출할 비용을 한 해 동안 거둬서 쓴다. 그러니 미래를 위해 많은 돈을 쌓아두지 않는다.

만일 인구 고령화가 심각하지 않다면 건강보험을 순수한 적립식으로 운영해도 그런대로 문제없이 굴러갈 수 있다. 그런데 노인 인구가 급증하는 현실을 생각한다면 얘기가 달라진다. 나이가 들면 소득 활동에 종사하는 기회는 줄어드는데 각종 노인성 질환에 시달리게 마련이다. 개인 차이는 있지만 대체로 연령이 높아질수록 건강보험료는 적게 내고 의료비 혜택은 많이 받는다. 그렇게 건강보험에서 부족해진 돈은 젊은 세대가 떠안을 수밖에 없다. 이대로 간다면 20~30년 뒤 청년 세대의 건강보험료 부담은 감당하기 어려울 정도로 불어날 것이다.

건강보험료는 국민연금과 달리 정부가 마음만 먹으면 어렵지 않게 올릴 수 있다. 정치적으로 인기 있는 정책은 아니겠지만, 책임 있는 정치인이라면 국민을 설득할 수 있는 용기가 필요하다. 국민건강보험법 73조는 직장 가입자의 보험료율을 소득의 8% 이내에서 정한다고 규정한다. 2025년 기준 보험료율이 7.09%이므로 아직은 법을 고치지 않아도 보험료율을 더 올릴 수 있다.

국민연금 개혁처럼 사회적 논란을 무릅쓰고 어렵게 법을 고치지 않아도 된다는 건 건강보험에 유리한 점이다. 물론 머지않은 장래에는 보험료율을 8% 넘게 올려야 하는 순간이 올 것이다. 그때가 되면 당연히 법을 고쳐야 한다.

당장은 건강보험 재정에 구멍 나는 것도 아닌데 보험료율을 올리는 것에 불만을 품는 경우도 생각할 수 있다. 부디 당장 눈앞의 일만 바라보는 어리석음을 범하지 않길 바란다. 이 기회에 건강보험의 재정 운용 방식을 부과식이 아니라 혼합식(부과식+적립식)으로 바꿀 필요가 있다고 본다. 미래의 막대한 재정 지출을 대비해 가능한 범위에서 여윗돈을 쌓아두자는 얘기다. 이렇게 해도 미래의 어느 순간에는 건강보험 재정 고갈을 피할 수 없을 것이다. 그렇더라도 지금부터 열심히 하면 재정 고갈의 순간을 최대한 늦출 수는 있다. 조금이라도 미래 세대를 배려한다면 이렇게 하는 게 현재로선 최선이다.

3 '애물단지' 실손보험: 의료 과소비 부추긴다

환자가 병원에서 받은 진료비 계산서를 자세히 본 적이 있는가? 웬만큼 규모가 되는 종합병원에선 항목별로 자세히 구분한 진료비 계산서를 환자에게 준다. 여기를 보면 크게 급여와 비급여라는 항목이 있는 걸 알 수 있다. 급여는 공적 보험인 건강보험이 적용되는 진료, 비급여는 이런 건강보험이 적용되지 않는 진료다. 급여 항목에는 다시 본인 부담금과 공단 부담금이 있다. 그중에서 급여 항목의 본인부담금과 비급여 항목의 청구 금액이 환자가 실제로 내야 하는 돈이다.

만일 환자가 중증 질환으로 오랫동안 입원했다면 상당한 병원비가 나올 수 있다. 이때 실손보험이 있다면 어느 정도 안심할 수 있다. 정확한 명칭은 '실손의료보험'이다. 환자가 질병이나 상해로 의료기관에서 치료를 받거나 약물의 처방·조제를 받았을 때 본인이 실제로 부담한 의료비를 보상하는 보험상품이다.

예전에는 미리 정해진 금액을 지급하는 보험상품도 많았다. 예컨대 보험 가입자가 암 진단을 받으면 보험금으로 1000만원을 준다는 식이다. 환자는 이 돈으로 암 치료를 위한 병원비를 충당한다. 만일 보험금에서 병원비를 지출하고 모자라는 금액이 있어도 보험사가 추가로 보험금을 지급하진 않는다. 대신 남는 금액이 있으면 환자의 몫이 된다. 하지만 실손보험에선 이런 일이 생기지 않는다. 환자가 '실제로 부담한 비용'만 보험사가 보장하기 때문이다.

현재 한국 의료 서비스 분야에서 실손보험은 '애물단지' 같은 존재다. 실손보험이 의료 과소비 또는 의료 쇼핑을 부추기고, 결과적으로 건강보험의 재정 악화로 이어지고 있기 때문이다. 실손보험에는 분명히 장점도 있지만, 환자의 도덕적 해이를 부추기는 단점도 매우 심각한 수준이다. 일부 병원에선 환자에게 "실손보험 있으세요"라고 물으며 노골적으로 의료 과소비를 유도하기도 한다.

왜 이런 일이 발생할까? 우선 건강보험의 본인 부담금이란 제도를 살펴보자. 환자가 병원에서 진료를 받을 때 건강보험에서 병원비의 전액을 부담하는 경우는 거의 없다. 건강보험이 병원비의 일부를 내주면 나머지 금액은 환자 본인이 부담해야 한다. 외래 진료의 경우 본인 부담금은 병원 종류에 따라 적게는 30%(동네 의원)에서 많게는 60%(상급종합병원)로 구분된다. 본인 부담금이 소득에 비해 지나치게 많으면 건강보험에서 나중에 일정액을 돌려주기도 한다. 본인부담 상한제라는 제도다.

본인 부담금의 장점은 의료 과소비를 줄일 수 있다는 것이다. 환자가 지나치게 자주 병원에 가면 건강보험 재정에도 안 좋지만, 환자 본인에게도 손해다. 본인 부담금은 환자가 스스로 과도한 의료 서비스를 이용하지 않도록 자제하게 하는 일종의 장벽 같은 역할을 한다.

이때 누군가 나타나서 본인 부담금을 없애버리거나, 미미한 금액으로 줄여준다면 어떻게 될까? 환자들이 불필요한 의료 서비스를 자제할 만한 경제적 동기가 사라진다. 윤리적으로는 바람직하지 않더라도 경제적으로만 보면 환자가 의료 과소비를 마다할 이유가 별로 없다. 어쨌든 환자의 부담을 덜어주는 게 뭐가 나쁘냐고 반문할지도 모르겠다. 그게 그렇게 간단한 문제가 아니다. 의료 과소비는 공동체 전체에 상당한 피해를 준다. 의료 서비스 이용이 과도하게 늘어날수록 건강보험 재정도 악화할 수밖에 없기 때문이다.

실손보험은 비급여 진료의 과도한 팽창으로도 이어졌다. 도수치료나 비타민 주사 등이 대표적이다. 이런 비급여 진료는 건강보험이 적용되지 않기 때문에 원칙적으로 환자 본인이 비용의 100%를 부담한다. 그런데 실손보험이 비급여 진료비를 상당 부분 떠안으면서 의료 서비스의 왜곡이 심각해졌다.

겉으로만 보면 병원과 환자의 양쪽 모두에 나쁠 게 없다. 병원 입장에선 비급여 진료를 많이 할수록 수입이 늘어나서 좋다. 환자 입장에선 과도한 진료로 병원비 부담이 커질 것을 걱정할 필요가 별로 없다. 그러니 비급여 진료비의 증가 속도는 그야말로 '상상 그 이상'이다. 한국보건사회연구원에 따르면 2014년 11조원 규모였던 비급여 진료비는 2023년 20조원을 넘어섰다. 9년 만에 9조원 넘게 불어난 것이다.

전체 실손보험 가입자 중에서 이런 식으로 의료 쇼핑을 즐기는 사람은 그렇게 많지 않다. 대다수는 보험료를 열심히 내면서도 보험 혜택은 별로 많이 받지 못한다. 세대별로는 젊은 층은 주로 보험료를 많이 내는 쪽이고, 노년층은 주로 혜택을 받는 쪽이다. 적게 내고 많이 받는 사람이 증가할수록 보험료 인상 압력이 커진다. 혜택은 소수가 누리고 부담은 다수가 떠안는 구조는 공평하지 않다.

정부는 실손보험의 '대수술'을 예고했다. 2025년 1월 9일 의료개혁특별위원회가 주최한 정책토론회('의료체계 정상화를 위한 비급여 관리 및 실손보험 개혁방안 정책토론회')에서다. 의료개혁특별위원회는 2024년 4월 구성한 민·관 합동 회의체다. 당시 의대 증원에 반발한 의료계가 불참하면서 '반쪽짜리' 회의체로 출범했다.

2025년 1월 정책토론회에선 실손보험의 비급여 진료비 지출을 축소하기 위해 다양한 제안이 나왔다. 이 글을 쓰는 시점에선 확정된 방안이 아니기 때문에 자세한 내용은 여기서 언급하지 않겠다. 다만 정책토론회의 여러 가지 흥미로운 제안에도 불구하고 앞으로 실손보험 개편 작업이 순탄치 않을 것이란 점은 분명히 말할 수 있다. 윤석열 정부가 2024년 12월 비상계엄 사태와 국회의 탄핵소추 이후 사실상 개혁의 동력을 잃었기 때문만은 아니다. 실손보험의 의료 과소비를 줄여야 한다는 취지에는 공감하지만, 구체적인 내용에선 복잡한 이해관계가 얽혀 있는 부분이 적지 않아서다.

특히 사회적 논란이 예상되는 부분은 기존 실손보험 가입자들의 '보험 갈아타기'를 유도하는 정책 방향이다. 기존 가입자들이 혜택이 많은 보험을 포기하고 혜택이 적은 새로운 보험으로 바꾸도록 유도하겠다는 것이다. 정부가 추산한 실손보험 갈아타기 대상자는 약 1600만 명에 이른다. 정부나 보험사가 사기를 치는 게 아니라면 말로만 설득해선 가입자들이 순순히 보험 갈아타기를 선택할 리가 없다. 그렇다면 반강제적인 수단을 동원할 수밖에 없는데, 어떻게 가입자들의 반발을 달래고 사회적 공감대를 이룰 수 있느냐가 관건이다.

4   실패로 끝난 영리병원 시도: 의료 영리화는 절대 악인가

'의료 민영화'와 '의료 영리화'. 이런 말이 나오면 절대 안 된다고 펄펄 뛰는 사람들이 있다. 의료가 수익을 앞세우면, 즉 돈을 너무 밝히면 저소득층과 서민의 부담이 커진다는 주장이다. 심지어 미국식으로 의료비가 급격히 치솟으면 이 비용을 감당하지 못한 이들이 병원 문턱에도 가지 못하고 치료를 포기할 수 있다고 우려하는 시각도 있다. 아무리 상상은 자유라고 하지만 이런 식으로 극단적인 상황에 대한 가정은 누구에게도 도움이 되지 않는다.

일단 용어부터 확실히 할 필요가 있다. 적어도 한국에서 '의료 민영화 반대'는 성립할 수 없는 말이다. 아예 처음부터 말이 안 된다고 할 수 있다. 현실적으로 한국의 의료는 이미 오래전부터 민영화돼 있기 때문이다.

주변을 둘러보면 쉽게 알 수 있다. 거리에서 보이는 병·의원은 대부분 민간에서 설립한 의료기관이다. 정부나 지방자치단체가 세운 국공립병원도 일부 있지만, 그 비중은 상대적으로 크지 않다. 대학병원도 민간 사립대학이 운영하는 병원이 훨씬 많고 국공립대학이 세운 병원은 비교적 소수다. '빅5'라고 불리는 5대 대학병원 가운데 국공립병원은 서울대병원 한 곳뿐이고 연세대 세브란스병원, 가톨릭대 성모병원, 성균관대 삼성병원, 울산대 아산병원은 사립병원이다.

그런데도 일부에서 의료 민영화라는 용어를 쓰는 이유는 뭘까? 아마도 '민영화'라는 단어에서 풍기는 부정적인 어감을 강조하려는 의도가 있어 보인다. 예컨대 '공기업 민영화'라고 하면 상당한 반감을 드러내는 이들이 적지 않다. 물론 공기업 민영화를 찬성하느냐, 반대하느냐는 사람마다 의견이 다를 수 있다. 어쨌든 국가 소유인 공기업 민영화는 사회적 논의의 대상이 될 수 있지만, 의료 민영화는 아예 불가능하다. 앞서 얘기한 대로 한국의 의료는 이미 민영화돼 있기 때문이다.

그럼 '의료 영리화'라는 말은 어떨까. 이건 말 자체가 틀린 건 아니다. 의료 영리화를 찬성하느냐, 반대하느냐는 사회적으로 충분히 논의해볼 만한 주제라고 할 수 있다. 우선 의료기관 개설을 규정한 의료법을 살펴보자.

해당 조항은 의료법 33조 2항이다. "다음 각호의 어느 하나에 해당하는 자가 아니면 의료기관을 개설할 수 없다."라면서 의료기관 개설 자격이 있는 경우를 열거한다. 그중에서 4호 "민법이나 특별법에 따라 설립된 비영리법인"이란 내용에 주목하길 바란다. 다른 말로 바꾸면 주식회사처럼 영리를 추구하는 법인은 의료기관을 설립할 수 없다는 뜻이다.

한국에선 환자에게 의료 서비스를 제공해서 수익을 내고 이 돈을 투자자에게 배당금 등으로 돌려주는 건 금지돼 있다. 여기서 형식과 실질의 괴리가 생긴다. 실질적으로는 병원들이 수익을 추구하고 있긴 하지만, 형식적으로는 비영리법인으로만 병원을 운영할 수 있다.

의료기관도 공개적으로 영리를 추구할 수 있으려면 어떻게 해야 할까? 가장 중요한 전제 조건이 있다. 앞서 언급했던 프랜차이즈 식당의 비유를 다시 생각해 보자. 식당 주인이 마음대로 음식값을 정하는 건 허용되지 않는다. 가격 결정권이 프랜차이즈 본사에 있기 때문이다. 식당 주인이 프랜차이즈를 탈퇴하는 것도 허용되지 않는다. 의료에선 요양기관 당연지정제라고 한다. 국내 모든 의료기관은 예외 없이 건강보험 체제에 들어와야 한다는 뜻이다.

만일 예외적인 조건에서 프랜차이즈 탈퇴를 허용하면 어떨까. 그때는 식당 주인이 가격을 마음대로 정할 수 있다. 이때 같은 서비스를 놓고 식당마다 서로 가격이 다르다면 그 결과는 뻔하다. 당연히 가격이 싼 식당에 손님이 몰리고 가격이 비싼 식당에는 손님이 없을 것이다. 그렇다면 식당 주인 입장에선 가격을 올리는 대신 서비스를 고급화하는 전략을 선택할 수 있다. 의료에서도 이렇게 하는 걸 허용하는 게 의료 영리화다. 전문 용어로 하면 요양기관 당연지정제의 예외를 인정하고 영리병원 설립을 허용하는 것이다.

과거 정부에선 극히 예외적인 조건에서 영리병원 설립을 허용하려고 시도했지만 결국 실패했다. 현재 법적으로는 제주도 등 일부 지역에 한해 영리병원 설립이 가능하긴 하다. 제주도특별법(제주특별자치도 설치 및 국제 자유도시 조성을 위한 특별법) 307조를 살펴보자. 이 법은 외국인도 제주도에 병원을 설립할 수 있게 허용했다.

그러면서 307조 4항에는 "외국의료기관은 국민건강보험법 제42조 제1항에 따른 요양기관과 의료급여법 제9조 제1항에 따른 의료급여기관으로 보지 아니한다"고 규정했다. 다시 말해 외국인이 설립한 병원은 요양기관 당연지정제를 적용하지 않겠다는 뜻이다. 제주도에 외국인 투자를 적극적으로 유치하기 위한 목적이다.

사실 제주도 영리병원은 보수 정부가 아니라 진보 성향의 노무현 정부 때부터 의욕적으로 추진했던 사업이었다. 병원 설립에 앞서 필요했던 건 법적·제도적 기반의 정비였다. 노무현 정부는 2005년 11월 제주도에 한해 영리병원을 허용하는 법안을 국회에 제출했다. 외국인은 물론 내국인도 진료할 수 있게 규제를 푸는 내용이었다.

당시 노무현 대통령도 직접 나섰다. 그는 임기 4년째인 2006년 1월 신년연설에서 "의료서비스는 고급 일자리를 많이 창출할 수 있는 분야"라며 "필요하면 과감하게 개방하고 서로 경쟁하게 할 필요가 있다"고 목소리를 높였다. 국회는 2006년 2월 압도적 다수의 찬성으로 법안을 통과시켰다.

왜 하필 제주도였을까. 제주도에서 획기적으로 규제를 풀어 '홍콩식 국제 자유도시'를 조성한다는 역대 정부의 구상과 밀접한 관련이 있다. 영리병원은 제주도에서 규제개혁과 외국인 투자유치 전략의 중요한 일부다. 외국인 투자자를 머물게 하는 데 병원이나 학교는 꼭 필요한 인프라이기 때문이다.

홍콩식 국제 자유도시 구상은 1980년대 초반 전두환 정부까지 거슬러 올라간다. 김의원 전 국토개발연구원(현 국토연구원) 원장의 증언이 흥미롭다. 그는 제주도 남서쪽 화순항 일원에 '국제자유지역'(1983만4800㎡, 약 600만 평)을 조성해 홍콩을 떠나려는 해외 은행을 유치하려 했다고 소개했다. 제주 국제자유지역에는 공산권의 진출도 허용한다는 구상을 담았다. 미국과 소련의 냉전이 한창이던 당시로선 파격적인 내용이다. 제주도가 1983년 9월에 작성한 보고서도 남아 있다. 제목은 '특정 지역 제주도 종합개발계획 제3편 국제자유지역(항) 조성계획'이다. 하지만 김재익 당시 청와대 경제수석의 반대로 이 계획은 성사되지 못했다고 김의원 전 원장은 자신의 회고록에서 전했다.

이렇게 멈춰선 제주 자유화 계획을 부활시킨 건 김대중 전 대통령이었다. 김대중 정부는 1999년 12월 제주 국제 자유도시 특별법을 만들어 시행에 들어갔다. 제주도가 헬스케어타운을 국제 자유도시의 핵심 프로젝트로 선정한 건 2006년 12월이었다. 헬스케어타운은 한라산 중산간에 초대형 의료관광 복합단지를 조성하는 국책사업이다. 헬스케어타운의 부지 면적(154만㎡)은 서울 여의도 면적의 절반이 넘는다.

정부가 관련 법률을 정비하고 지도에 밑그림을 그린다고 저절로 사업이 이뤄지는 건 아니다. 대규모 자금을 동원해 사업계획을 실행에 옮길 투자자가 있어야 한다. 이렇게 해서 제주 헬스케어타운에 등장한 투자자가 중국 녹지그룹이었다. 국내에선 생소한 이름이었지만 미국의 경제전문지 포춘이 선정한 세계 500대 기업(포춘 500)에 속했던 '큰손'이었다.

국토교통부 산하 공공기관인 제주국제자유도시개발센터(JDC)에 따르면 녹지그룹은 2012년 11월 투자 사업협약을 체결하고 본격적인 사업에 들어갔다. 헬스케어타운에서 시설용지로 구분한 땅의 절반가량(36만4000㎡)을 녹지그룹이 맡았다. 3단계에 걸쳐 개발하는 계획이었다. 1단계 사업은 순조로웠다. 녹지그룹은 2014년 헬스케어타운 안에 콘도 400실을 지어 분양했다. 앞서 제주도가 투자 영주권 제도를 도입한 것도 사업 추진에 속도를 붙게 했다. 외국인이 제주도에서 1인당 5억원 이상을 콘도 등 휴양시설에 투자하면 한국 영주권을 주는 제도다.

녹지그룹은 2014년 헬스케어타운에서 병원과 리조트·상가 등을 건설하는 2단계 사업에 착공했다. 보건복지부는 2015년 12월 녹지병원의 사업계획을 승인했다. 2016년에 접어들자 분위기가 급변했다. 고고도미사일방어체계(THAAD·사드) 배치 결정 이후 한·중 관계가 중대한 고비를 맞았다. 국내에선 1호 영리병원에 강력히 반발하며 최종 허가권자인 제주도를 압박하는 목소리가 커졌다.

2018년 12월 원희룡 당시 제주지사는 외국인 환자만 볼 수 있다는 조건으로 녹지병원의 허가를 내줬다. 그는 아예 병원 개설을 불허하면 투자자·국가 간 소송(ISD)까지 제기될 수 있다고 우려했다. 녹지병원은 내국인 진료 제한에 반발하며 법정 기한(3개월) 안에 문을 열지 않았다. 그러자 제주도는 병원 허가를 취소했다. 녹지그룹은 2단계 개발 중 리조트를 제외한 건설사업을 전면 중단했다. 국내 법원에 소송도 제기했다. 치열한 소송전의 최종 승자는 제주도였다. 법원이 제주도의 손을 들어주고 병원 측이 소송을 취하하면서 의료기관 허가 취소가 확정됐다. 제주도로선 '상처뿐인 승리'였다.

제주 녹지병원의 실패 사례는 한국 의료계에 여러 가지 질문을 남겼다. 과연 일부에서 주장하는 것처럼 의료 영리화와 영리병원은 한 치의 빈틈도 허용해선 안 되는 절대 악일까? 서울 등 수도권에서 멀리 떨어진 한라산 중턱에 외국인이 세운 영리병원이 하나 들어선다고 해서 그렇게 큰 문제였을까? 대형 국책사업이 사실상 무산되는 걸 감수해야 할 정도로 외국인 영리병원 설립은 총력을 다해 저지해야만 했을까? 한국의 의료 시스템은 제주도에 영리병원 하나도 허용하지 못할 정도로 취약한 걸까? 기자로서 이 사건을 취재했던 필자로선 절로 한숨이 나온다.

〈함께 생각해 봅시다-의료〉

다음은 필자가 중앙일보 논설위원으로 근무하면서 작성한 기명 칼럼 가운데 의료와 관련한 칼럼 5편을 모은 것이다. 의료계에선 '내외산소'라는 자조적인 표현이 있다. 생명 유지에 필수적인 분야지만 현장 여건이 급속히 무너져 내린 내과·외과·산부인과·소아청소년과를 가리키는 말이다. 필자는 그중에서도 소아청소년과의 붕괴에 대해 집중적으로 다뤘다. 이 책을 읽는 독자와 같이 생각해 볼 부분도 적지 않은 것 같아 이번 기회에 소개한다. 독자의 이해를 돕기 위해 날자 표기를 바꾼 것 외에는 기존에 신문에 실었던 내용과 같다.

여기서 필자의 의견이 무조건 옳다고 주장할 생각은 전혀 없다. 신문 칼럼은 그 성격상 필자 개인의 의견이므로 다른 의견을 가진 분들도 있을 것이다. 극단적인 진영 논리나 악의적인 비방이 아닌 건설적인 의견 개진은 언제든지 환영한다는 걸 말씀드린다.

일부 내용은 시간이 지나면서 상황이 달라진 부분도 있을 것이다. 칼럼의 게재 시점도 밑에 적어뒀으니 참고로 해주길 바란다. 독자 여러분께 여유가 있다면 칼럼을 쓴 이후에 상황이 어떻게 흘러갔는지 되짚어보는 것도 나쁘지 않을 것이다.

1. '노키즈존' 외치는 소아과 붕괴의 현실

소아과 탈출 연수에 지원자 몰려

'미래 없는 전공'에 전공의는 급감

소아 응급 진료 체계 총체적 난국

'노키즈존'. 일부 카페나 식당의 어린이 입장 제한을 말하는 게 아니다. 대한소아청소년과의사회가 2023년 6월 11일로 예정한 학술대회 제목의 일부다. 정확한 명칭은 '소아청소년과 탈출(노키즈존)을 위한 제1회 학술대회'다. 소아과를 포기하고 다른 진료 과목으로 바꾸려는 회원들에게 특별한 연수 기회를 제공한다. 제목에서 알 수 있듯이 소아과 전문의들의 소아과 탈출을 노키즈존으로 표현했다. 어린이 진료의 최일선에 있는 이들이 대놓고 노키즈존을 말하는 역설 앞에서 참담한 마음을 감출 수 없다.

연수 안내문의 세부 주제를 들여다보면 기가 막힌다. '진료실에서 바로 적용하는 보톡스 핵심 포인트', '쪽집게 강의해 주시는 고지혈증의 핵심정리' 등이 눈에 띈다. 당뇨의 진단과 관리, 비만 치료의 실전 적용 등도 있다. 한마디로 요약하면 "힘만 들고 돈도 안 되는 소아과는 빨리 접고 돈 되는 성인병 관리나 미용시술로 바꾸자"는 얘기다. '소아 청소년과는 왜 탈출할 수밖에 없는 상태가 됐나'라는 특강도 연수에 들어가 있다.

참여 열기도 심상치 않다. 한 소아과 전문의는 "2023년 5월 24일 기준으로 온라인 게시판에 올라온 신청자를 세어보니 벌써 650명이 넘었다"고 전했다. 그 뒤 연수 신청자는 더욱 늘었을 것이다. 2023년 전국 수련병원에서 모집하려고 했던 소아과 전공의(레지던트) 정원(207명)의 세 배를 훌쩍 넘는다. 실제 소아과 전공의 지원자(33명)는 모집 정원에 한참 모자랐다. 이대로 가다간 몇 년 안에 소아과 전공의는 '멸종 위기'에 처할 거란 말까지 나온다.

국내 종합병원 전공의들은 다른 분야에선 상상하기 어려운 수준의 장시간 근무에 시달린다. 전공의특별법에 의한 근무시간은 주당 최대 88시간이다. 주당 52시간 초과 근무를 금지한 근로기준법과 엄청난 차이가 난다. 전공의는 근로기준법에 의한 근로자가 아니라 수련 과정에 있는 피교육자로 보기 때문이다. 예전에는 주당 100시간이 넘었는데 그나마 개선됐다는 게 이 정도다.

전공의들이 '워라밸'(일과 생활의 균형)을 포기하고 강도 높은 수련 환경을 감수하는 이유는 뭘까. 해당 전공의 전문의 자격을 딴 이후 안정된 생활을 기대하기 때문이다. 그런데 소아과는 '미래가 없는 전공'이란 인식이 퍼지면서 전공의 지원자가 급감하는 추세다. 기존 소아과 전문의가 너도나도 탈출을 위해 짐을 싸고 있는데 전공의 모집이 원활하기를 바라는 게 말이 안 된다.

이제 우리 사회도 소아과 진료 환경의 총체적 붕괴라는 현실을 무겁게 받아들여야 한다. 초저출산 시대에 어렵게 얻은 아이들의 소중한 생명이 걸린 문제다. 2023년 3월 소아청소년과의사회가 '소아과 폐과'를 선언한 건 엄살이 전혀 아니었다. 당시 임현택 소아청소년과의사회장은 기자회견에서 "지금 상태로는 병원을 더는 운영할 수 없다. 대국민 작별인사를 선언한다"고 말했다. 이후 상황이 개선되기는커녕 오히려 악화하는 모습이다.

소아과 진료 공백의 심각성을 단적으로 보여주는 사건이 있었다. 40도 고열과 기침에 시달리던 다섯살 어린이가 2023년 5월 초 서울 한복판에서 제대로 치료를 받지 못해 숨지고 말았다. 당시 구급대원이 다섯 군데 병원 응급실에 문의했지만 바로 어린이 환자를 받을 수 있다고 응답한 병원은 한 곳뿐이었다. 이 병원에서도 입원이 어렵다는 말을 듣고 집으로 돌아갔다가 안타까운 일을 당했다.

이 사건에 대한 보건복지부의 해명은 어처구니가 없다. 복지부는 "구급차를 타고 응급실을 전전하다 사망한 것은 아님"이라고 밝혔다. 직접 병원을 찾아갔다가 퇴짜를 맞은 것만 문제고, 전화로 문의했다가 퇴짜를 맞은 건 문제가 아니라는 뜻인지 묻고 싶다. 아니면 병원에서 오지 말라고 해도 환자 보호자가 어떻게든 응급실 문을 밀고 들어갔어야 한다는 말인가.

정부와 여당은 2023년 5월 31일 당정협의에서 '응급의료 긴급대책'을 논의했다. 박대출 국민의힘 정책위의장은 "병상이 없는 경우에는 경증 환자를 빼서라도 (중증 환자 병상) 배정을 확보할 수 있도록 의무화하기로 했다"고 말했다. 그럴듯하게 들리지만 함정이 있다. 소아과 의사가 없는데 병상만 있다고 문제가 해결되는 게 전혀 아니기 때문이다.

이제 서울에서도 밤중에 어린이 응급 상황이 발생하면 제대로 치료를 받을 수 있는 병원이 별로 없다. 심지어 국가가 운영하는 공공병원인 국립중앙의료원도 소아과 응급 환자를 받지 못한다고 한다. 기자가 직접 병원에 전화를 걸어 확인한 사항이다. 1인당 국민소득 3만 달러 시대를 맞은 대한민국의 부끄러운 현실이다.

-중앙일보 2023년 6월 2일

2. 월 100만원 더 줄 테니 소아과 지원하라?

'전멸 위기' 소아과 전공의 대책
'언 발에 오줌 누기' 실효성 없어
눈앞 '당근'보다 장기 비전 필요

당신에게 월 100만원씩 추가 수입이 생긴다면 어떨까. 물론 세상에 공돈은 없는 법이다. 그 돈을 받는 대신 남들이 하기 싫어하는 일을 떠맡아야 한다. 그뿐이 아니다. 매일 같은 야근에 당직 근무도 감수해야 한다. 당연히 '워라밸'(일과 생활의 균형)은 생각조차 할 수 없다. 까딱 실수하거나 재수 없으면 골치 아픈 민원이나 법적 소송에 휘말릴 수도 있다. 어찌어찌 정해진 기간만 채운다고 끝나는 문제도 아니다. 그 돈을 받는 기간은 짧지만 미래 비전이 보이지 않는 일을 평생 계속해야 할 수도 있다. 이런 조건이라면 당신은 어떤 선택을 하겠는가.

2023년 9월 보건복지부가 발표한 소아 의료체계 개선 대책을 보면서 이런 생각이 들었다. 월 100만원은 복지부가 제시한 소아청소년과 전공의(레지던트) 수련 보조수당이다. 현재 전국 주요 종합병원에서 소아과 전공의는 사실상 '전멸 위기'다. 이대로는 큰일 나겠다는 경고음이 요란하게 울렸다. 그러자 복지부는 추가 수당이란 유인책을 꺼내 들었다. 아예 없는 것보단 낫겠지만 충분한 인센티브가 될진 회의적이다. '언 발에 오줌 누기'라는 옛 속담이 떠오르는 대목이다. 누군가에겐 평생이 걸린 문제인데 잠시 얼마를 더 주는 게 얼마나 효과가 있을지 모르겠다. 혹시 더 중요한 문제를 놓치는 건 아닐까.

우리나라 의사 양성 체계에서 전공의 과정은 중차대한 역할을 한다. 바늘구멍보다 어렵다는 의대 입시를 통과한 뒤 6년간 의대 교육을 마치고 의사 면허를 딴 사람들은 선택의 갈림길에 선다. 3~4년 전공의 수련을 거쳐 전문의 자격까지 딸 것인가, 세부 전공의 과정을 거치지 않고 일반의로 개원할 것이냐. 일반의를 선택한다고 수입이 적은 것도 아니다. 사람에 따라 다르겠지만 피부 미용 등으로 큰 돈을 버는 경우도 적지 않다고 한다. 굳이 어렵고 힘든 길을 가지 않아도 명예와 부를 함께 얻을 수 있는 길이 열려 있다.

개인으로선 합리적 선택이 때로는 사회 전체의 자원 배분을 왜곡할 수 있다. 소아과 전공의는 우리 사회에 꼭 필요한 인력이다. 저출산 시대에 우리 아이들의 생명과 건강이 달린 문제다. 전공의가 없으면 주요 종합병원 소아과는 제대로 돌아가지 않는다. 특히 소아 응급실이 심각한 상황이다. 밤에 갑자기 아이가 아프다고 울면 마땅히 데려갈 병원을 찾기 어렵다. 지방에선 이미 한참 전에 소아과 응급진료 체계가 무너져 내렸다. 이제는 서울을 포함한 수도권에서도 위기 신호가 나타나고 있다.

소아과 전공의 지원율은 코로나19를 거치면서 바닥으로 떨어졌다. 2018년까지만 해도 소아과 전공의는 어떻게든 정원을 채울 수 있었다. 2019년 첫 미달을 기록한 이후 2023년은 역대 최저인 16%까지 추락했다. 수도권도 비상이 걸렸지만 지방은 처참한 수준이다. 예컨대 인구 650만 명의 부산·경남 지역에선 2023년 단 한 명의 소아과 전공의도 충원하지 못했다.

일부 지방 대형병원에서 아직 소아 응급실과 입원실을 운영하는 건 전공의 2년 차 이상이 버텨준 덕분이다. 남은 시간은 1년뿐이다. 이들은 2024년 말이면 일제히 전공의 수련을 마친다. 소아과 전공의가 모두 사라지면 그 공백은 누가 어떻게 메울 것인가. 소아 응급실에서 근무할 전문의를 찾기도 쉽지 않다. 기존 소아과 전문의들도 미래가 보이지 않는다며 간판을 내리는 현실을 냉정하게 봐야 한다. 인력 없이 시설만 있다고 병원이 돌아가진 않는다.

현장의 목소리는 절박하기만 하다. 박수은 양산부산대병원 소아청소년과 교수는 "2024년 말 이후에는 정말 대책이 없다"고 하소연했다. 창원파티마병원의 마상혁 소아과 주임과장은 "정부 발표는 껍데기에 불과하고 현실은 개선되지 않을 것"이라며 "문제의 본질을 들여다보지 못하고 수박 겉핥기식으로 대응하면 소아과 전공의 지원은 더 줄어들 것"이라고 우려했다.

상황이 꼬일수록 미봉책보다 정공법을 찾아야 한다. 의사도 결국 사람이다. 젊은 세대 의사들에게 불합리한 강요나 억지는 통하지 않는다. 이들을 설득할 수 있는 건 당장의 돈 몇 푼이 아니다. 마 과장은 "무엇보다 미래 비전 제시가 중요하다. 소아과 의사가 국내 의료 체계 안에서 살아남을 수 있는 안정적 환경을 만들어 줘야 한다"고 말했다. 힘든 전공의 과정을 거쳐 전문의 자격을 따고 난 다음에 의사로서 보람을 느끼고 안정적으로 살아갈 수 있다는 비전을 보여줘야 한다는 얘기다. 보호자 '갑질'이나 과도한 의료소송에 시달리지 않도록 보호장치를 마련할 필요도 있다. 다른 누구도 아닌 우리의 소중한 아이들을 위해서다.

-중앙일보 2023년 10월 6일

3. '아덴만 영웅'의 소아과 붕괴 경고

"의대생 늘린다고 소아과 하겠나"

전공의 지원 급감에 암울한 미래

소아 진료 살려야 출산율도 올라

"나는 한국 의료 현실에 경악했다. 중증외상 환자들을 치료하는 것이 나의 업인데도 환자들은 자꾸 내 눈앞에서 죽어나갔다. 살려야 했으나 살릴 방법을 찾지 못했다. 필요한 것은 '시스템'이었다. 그러나 누구도 그것이 무엇인지 알지 못했고, 알려고 하지 않아서 더 알 수 없었다." 이국종 국군대전병원장이 과거 아주대병원 외상외과 교수로 근무하면서 쓴 책(『골든아워』)의 일부다.

이 원장은 2011년 소말리아 해적에게 피랍된 뒤 총상을 당한 석해균 선장의 수술 성공으로 '아덴만 작전의 영웅'이란 별명을 얻었다. 대중은 겉으로 보이는 성공에 박수를 보냈지만 속사정은 처참했다. 이 원장은 환자를 살리려고 최선의 노력을 다할수록 병원에는 막대한 적자의 '원흉'이 될 수밖에 없는 현실에 절망감을 감추지 못했다. 그는 자신과 동료들을 '바보 같은 사람들'이라며 "우리를 둘러싼 현실은 벼랑 끝으로 치닫고 있다"고 토로하기도 했다.

이 원장이 최근(2024년 6월 기준) 의료계 현안에 대해 작심 발언을 했다. 2024년 6월 19일 대전교육연수원이 진행한 명사 초청 강연에서다. 이 원장은 "30년 전과 비교해 소아과(소아청소년과) 전문의는 세 배 늘었고 신생아는 4분의 1 수준으로 줄었지만, 정작 부모들은 병원이 없어 '오픈런'을 한다"며 "이런 상황에서 의대생을 200만 명 늘린다고 소아과를 하겠느냐"고 말했다. 그러면서 "현재 의료계는 벌집이 터졌고 전문의는 더 이상 배출되지 않아 없어질 것"이라고 전망했다.

소아과 진료 기반의 붕괴는 최근 의대 증원을 둘러싼 의·정 갈등 이전에도 이미 심각한 상황이었다. 특히 소아과 전공의(레지던트) 지원율 급감은 암울한 미래를 예고하는 지표다. 2019년 첫 미달을 기록한 이후 2023년은 역대 최저인 17%까지 추락했다. 2024년은 지원율(26%)이 약간 높아졌지만 실제 현장에서 소아과 전공의를 만나는 건 '하늘의 별 따기'다. 이들 대부분이 2024년 2월 사직서를 내고 병원을 떠난 뒤 돌아오지 않아서다. 소아응급의학과 교수 출신인 이주영 개혁신당 의원은 2024년 6월 26일 국회 보건복지위원회 청문회에서 "전공의들을 억지로 끌어 놓는다고 한들 2025년에는 누가 지원하겠는가. 최소 5년에서 10년 가까이 전문의 배출 공백이 이어질 수도 있다"고 지적했다.

대한아동병원협회는 2024년 6월 30일 긴급 기자회견을 예고했다. 최용재 아동병원협회장은 "대학병원들이 사실상 소아 응급환자 진료를 포기하면서 이런 환자들이 아동병원으로 몰린다. 그런데 아동병원은 장비도, 인력도 절대적으로 부족하다"고 말했다. 그는 "너무 힘들어 더 이상 버티지 못할 지경"이라고 덧붙였다. 아동병원협회는 얼마 전 임현택 대한의사협회장의 공개적인 모욕에도 집단휴진에 동참하지 않았던 단체다. 최 회장은 "요즘 동물병원에도 CT(컴퓨터단층촬영)나 MRI(자기공명영상) 장비를 갖춘 경우가 있는데, 아동병원은 그럴 여력이 없다. 우리 아이들이 개나 고양이보다 못한 대접을 받아야 하나"고 반문했다.

　정부는 상황의 심각성을 정말 모르는 건지, 알고도 모른 척하는 건지 의문이다. 최근(2024년 6월 기준) 대통령 직속 저출산고령사회위원회가 내놓은 보건의료 관련 대책은 실망스러웠다. 제목('저출생 추세 반전을 위한 대책')은 거창했지만 소아과 진료에 대해선 입원 환자의 본인부담금 감면을 검토한다는 게 고작이었다. 대신 난임부부가 아이를 갖기 쉽게 난임 시술비 지원을 확대한다는 내용을 강조했다.

　아이를 가진 부모 입장에서 생각해 보자. 아이를 잘 낳는 것도 중요하지만 이미 낳은 아이를 건강하게 잘 키우는 것도 못지않게 중요한 일이다. 첫아이가 아플 때 소아과 전문의를 만나기 어렵다면 둘째나 셋째를 낳고 싶은 마음이 들 것인가. 소아과 붕괴가 점점 심각해지는 상황에서 안이한 대응으로 아까운 시간만 흘려보낼 순 없다. 무엇보다 아이들의 건강은 우리 사회의 건강한 미래를 좌우할 정도로 중차대한 문제란 점을 잊어선 안 된다.

-중앙일보 2024년 6월 28일

4. 구멍 뚫린 소아 의료체계

백일해 영아 사망자 첫 발생에도

소아 감염 환자들 다인실에 입원

'1인실 병실 규제' 누굴 위한 건가

"있을 수 없는 일이 벌어졌다." 2024년 11월 초 생후 2개월도 안 된 아기가 백일해로 사망했다는 소식을 접한 최용재 대한소아청소년병원협회장의 탄식이다. 질병관리청에 따르면 이 아기는 백일해 1차 예방접종을 받기 전에 기침·가래 등의 증상으로 병원을 찾았다가 백일해 양성이 확인됐다. 그 후 입원 치료를 받다가 나흘 뒤 증상 악화로 세상을 떠났다.

국내에서 백일해 사망자가 나온 건 2011년 관련 통계 작성 이후 처음이다. 적어도 13년 동안 한 번도 없었던 일이 벌어졌다는 뜻이다. 제2급 감염병인 백일해는 환자가 어릴수록 치명률이 높은 것으로 알려져 있다. 한 번 걸리면 100일 가까이 기침 증상이 이어진다는 뜻에서 백일해라는 이름이 붙었다.

문제는 다른 아기들도 안심할 수 없는 환경이란 점이다. 최근(2024년 11월 기준) 국내 백일해 감염 환자는 '폭발'이란 말이 어색하지 않을 정도로 빠르게 늘고 있다. 질병청이 집계한 백일해 환자 수는 2024년 들어 11월 9일까지 3만2620명에 달했다. 2023년 전체 환자 수(292명)에 비해 이미 110배 넘게 증가했다. 코로나19 유행 이전인 2019년(496명)과 비교해도 60배 넘게 늘어난 수치다.

하필이면 2024년 백일해 환자가 급증한 원인이 뭘까. 의료계에선 코로나19가 유행했을 때 '사회적 거리두기'로 인한 부작용이 시차를 두고 나타나는 것으로 본다. 충남 아산에서 어린이병원을 운영하는 이종호 원장은 "둑이 터졌다"고 표현했다. 이 원장의 설명을 요약하면 이랬다. "코로나19 때 철저한 개인 방역으로 다른 감염병 환자도 크게 줄었다. 이게 꼭 좋은 걸까. 그렇지 않다. 사람이 면역을 얻으려면 예방접종을 하거나 다른 사람에게서 감염이 돼야 한다. 그런 식의 감염이 2년 동안 막혀 있었는데 예상했던 대로 마스크를 벗자마자 온갖 감염균과 바이러스가 터져 나왔다. 의학적으로는 '면역 부채'라고 한다. 2025년에도 소아 감염 환자는 더 늘어날 것으로 보고 있다."

방역 당국도 호흡기 감염병의 증가세가 심상치 않다고 판단한다. 백일해뿐 아니라 마이코플라스마 폐렴도 요주의 대상이다. 지영미 질병청장은 2024년 11월 19일 관계부처 합동 대책반 회의를 열었다. 그러면서 "고위험군에 대한 집중적인 보호를 위해 백일해 등 호흡기 감염병 예방접종에 적극적으로 참여해 달라"고 당부했다.

현재 한국 사회가 소아 감염병 환자를 적절히 돌볼 수 있는 환경을 갖추고 있을까. 그렇지 않다는 게 현장의 목소리다. 오히려 한 가지 감염병으로 병원을 찾은 어린이 환자가 입원 중에 다른 감염병을 추가로 얻을 위험을 지적한다. 이른바 '교차 감염' 또는 '원내 감염'의 우려가 크다는 얘기다.

소아 입원 환자의 교차 감염을 막으려면 1인실 병실 확보가 시급하다는 게 현장의 요구다. 소아청소년병원협회는 전국 회원 병원 52곳을 대상으로 설문조사를 한 결과 소아 감염병 환자의 다인실 입원에 대해선 '부적절하다'는 응답이 100%였다고 밝혔다. 그런데 현실적으로 1인실이 부족하기 때문에 교차 감염 위험을 알면서도 다인실에 입원시킬 수밖에 없다고 하소연했다. 보건복지부의 병실 규제가 성인 중심 병원이나 어린이 병원이나 똑같이 적용되기 때문에 1인실을 늘리고 싶어도 못한다는 얘기다.

경기도 의정부에서 어린이병원을 하는 최 회장은 2024년 11월 16일 기자회견에서 "4인실의 경우 소아 환자를 돌보는 엄마·아빠 등 보호자를 포함하면 열 명 정도가 한 병실에서 북적인다. 백일해 환자가 처음에 폐렴인 줄 알고 다인실에 입원했다가 다른 환자를 감염시키면 어떻게 할 거냐"고 목소리를 높였다.

가뜩이나 저출산이 심각한 상황에서 소아 의료체계를 충실하게 갖추는 건 우리 아이들의 건강과 생명이 걸린 문제다. 그런데 현실은 거꾸로 간다. 이미 주요 대학병원에서 소아과 전공의 소멸과 소아 응급실 폐쇄 등으로 소아 의료체계는 붕괴 직전의 상태다. 첫아이가 아플 때 제대로 치료받지 못해 가슴을 졸였던 부모가 둘째나 셋째를 낳을 마음이 들 것인가.

대전에서 어린이병원을 하는 강은식 원장의 지적이 뼈아프게 들린다. "현장에서 엄마들한테 비일비재하게 듣는 말이 있다. '나라에서 애를 낳으라고 하더니 막상 애를 낳으니까 더 힘들게 한다.' 이런 엄마들에게 둘째나 셋째 계획이 있느냐고 물으면 고개를 젓는다. 초저출산 시대라면서 왜 이렇게 나라가 아이들 건강에 인색한지 모르겠다." 정부가 매년 수십 조원의 예산을 저출산 대책에 쓴다는데 그 돈은 어디로 갔을까. 그 돈의 일부라도 소아 의료체계 회복에 제대로 써주길 바라는 건 과도한 바람일까.

-중앙일보 2024년 11월 22일

5. '전공의 처단' 포고령, 누가 작성했나

위헌적 포고령으로 전공의 겁박

계엄사령관도, 장관도 "나 아냐"

최종 책임자 밝혀 엄중한 처벌을

처음엔 가짜뉴스인 줄 알았다. 윤석열 대통령이 난데없이 비상계엄을 선포하던 2024년 12월 3일 밤의 상황이다. 이날 대통령의 말에는 시퍼렇게 날이 서려 있었다. 그는 수차례 자유민주주의를 언급했지만 진정한 의미의 자유민주주의와는 정반대 방향으로 폭주했다. 과거 왕조 시대에나 있을 법한 무도한 폭군의 망령이 떠올랐다. 그에게 자신을 반대한 이들은 곧 반국가세력이고 척결 대상이었다. 이 순간 그는 민주공화국의 대통령이기를 스스로 포기한 셈이었다.

계엄사령관 명의로 나온 포고령은 더욱 황당했다. 과거 못난 정치군인들의 과오를 되풀이하는 시대착오적 발상이었다. 그런데 왠지 낯설면서도 익숙한 느낌이 들었다. 반헌법적인 정치 활동 금지나 언론 통제는 군사정권 시절에도 참혹하게 겪었던 내용이다. 결코 동의할 순 없지만 내란 주동자의 관점에선 그렇게 나올 수도 있겠다는 생각이 들었다.

하지만 도무지 이해할 수 없는 부분은 포고령 5항이었다. 파업 중인 전공의가 48시간 안에 복귀하지 않으면 '처단'하겠다는 항목이다. 예전에도 비상계엄 선포는 있었지만, 포고령에서 특정 직역의 처단을 경고한 건 처음이다. 21세기 민주공화국에서 국가기관이 국민에게 처단이란 무시무시한 단어를 썼다는 사실에 경악했다.

도대체 누굴까. 계엄사 포고령에 전공의 처단이란 문구를 넣은 인물의 정체를 확실히 밝히고 엄중한 책임을 물어야 한다. 행여라도 어물쩍 넘어가는 일이 있어선 안 된다. 앞으로 수사기관이 반드시 해결해야 할 과제다. 다시는 이런 식으로 특정 직역을 포함해 국민을 겁박하는 일이 생기지 않도록 하기 위해서다.

일단 박안수 전 계엄사령관(육군참모총장)의 설명을 들어보자. 그는 직무정지 이전인 2024년 12월 5일 국회 국방위원회 현안 질의에서 포고령 작성자는 자신이 아니라 김용현 전 국방부 장관이라고 답변했다. 박 총장은 포고령 초안을 보고 "법무 검토가 필요할 것 같다"고 머뭇거렸지만 김 전 장관은 "이미 검토가 완료된 사항"이라며 발표를 재촉했다고 한다. 그 후 계엄상황실에 있던 네 명 정도가 같이 읽어보며 "어떡하냐. 어떡하냐" 하면서 시간을 보내다가 거듭 재촉을 받고 급하게 발표했다는 얘기다. 다만 포고령 발표 시간만 오후 10시에서 오후

11시로 수정했다고 한다.

의료 정책을 총괄하는 조규홍 보건복지부 장관도 사전에 전혀 몰랐다는 입장이다. 조 장관은 2024년 12월 5일 국회 보건복지위원회에 출석해 "포고령 내용을 보고 매우 놀랐고, 그 내용에 동의할 수 없다"고 말했다. 그러면서 "(전공의 처단 포고령은) 기존 정부 방침과도 배치되고 9000명 넘는 전공의가 이미 사직한 것도 고려가 안 됐다"고 설명했다. 적어도 이 부분만큼은 "사직 전공의는 있어도 파업 중인 전공의는 없다"는 대한의사협회 입장과 조 장관의 설명이 거의 일치한다.

박 총장과 조 장관의 말이 맞는다면 남는 건 두 사람, 즉 김 전 장관과 윤 대통령뿐이다. 육군 대장 출신인 김병주 더불어민주당 의원의 추론이 일리가 있어 보인다. 김 의원은 2024년 12월 6일 CBS라디오와의 인터뷰에서 "국방부라든가 계엄사령부 등 그런 데서 (포고령을) 작성했다면 전공의가 왜 있겠느냐"며 "(처단은) 군에서도 쓰지 않는 단어"라고 말했다. 그러면서 "(윤 대통령에게) 가장 머리 아팠던 전공의 문제를 총칼로 풀려는 것이 5항에 나오기 때문에 이것은 대통령이 깊게 관여해서 작성한 걸로 보인다"고 덧붙였다. 정확한 사실관계는 앞으로 윤 대통령 등에 대한 철저한 수사를 통해 밝혀야 할 것이다.

윤 대통령은 2023년 광복절 경축사에서 느닷없이 '공산 전체주의'와의 대결을 선포해 많은 이들을 놀라게 했다. 당시에도 국민적 통합을 이끌어야 할 광복절에 대통령이 전투적 언어로 분열을 조장한다는 비판을 받았다. 이제 와 돌이켜 보면 광복절 경축사의 거친 표현은 반헌법적 비상계엄의 예고편이었을지도 모른다는 생각이 든다.

오스트리아 출신 경제학자인 프리드리히 하이에크는 누구보다도 강력히 공산주의와 전체주의에 반대했던 인물이다. 하이에크는 1944년 출간한 『노예의 길』이란 책에서 "왜 가장 사악한 자들이 최고의 권력을 잡게 되는가"라는 질문을 던졌다. 그러면서 "선한 사람들이 전체주의 기구의 지도적 지위를 열망할 이유는 별로 없지만, 반대로 그들이 돌아서도록 할 것들은 너무나 많다. 이에 비해 무자비하고 잔인한 사람들은 전체주의 기구에서 특별한 기회를 얻을 것"이라고 지적했다. 80년 전 하이에크의 경고를 2024년 대한민국에서 되새기게 됐다는 현실이 참담하기만 하다.

-중앙일보 2024년 12월 13일

PART
3

예고된 재앙,
국민연금
재정 고갈

1

국민연금이 '폰지 사기'라니: 틀린 말도 아니다

"국민연금은 언젠가 바닥이 난다는데 사실인가요?" "기금이 고갈돼도 연금을 받을 수 있나요?" 국민연금에 대한 언론 보도를 보며 이런 의문을 가져본 사람이 적지 않을 것이다.

이대로 가면 국민연금의 완전 고갈을 피할 수 없다는 건 분명하다. 이제는 더 이상 외면할 수 없는 진실이다. 국민연금은 '폰지 사기(다단계 금융 사기)'란 말이 나오는 배경이다. 단순한 과장이나 겁주기가 아니다. 이창수 전 한국연금학회장을 비롯한 연금 전문가들이 각종 토론회나 세미나 등에서 실제로 하는 말이다.

여기서 폰지 사기란 말이 낯설게 느껴지는 독자도 있을 것이다. 간략히 설명하면 이런 식이다. 일단 겉으로는 그럴듯해 보이는 고수익 사업을 내세워 투자자를 모집한다. 처음부터 실체가 없는 사업일 수도 있고, 설사 약간의 실체가 있다고 해도 고수익이 보장되는 사업은 아니다. 그런데 초기엔 투자자들에게 의도적으로 높은 수익을 안겨준다. 사실 그 돈은 투자 수익금이 아니라 나중에 투자한 사람들의 주머니에서 나온 돈이다. '아랫돌 빼서 윗돌 괴기'란 속담이 딱 들어맞는다.

이런 식의 돌려막기가 영원히 지속할 수는 없다. 결정적인 순간이 오면 사기꾼이 그때까지 모은 돈을 몽땅 챙겨 들고 자취를 감춘다. 1919년 무렵 미국의 찰스 폰지가 이런 식의 사기를 벌인 이후 전 세계적으로 수많은 변종이 발생했다. 국내에서는 단군 이래 최대 사기 사건이란 수식어가 붙은 조희팔 사건이 유명하다.

국민연금은 엄연히 국가가 법률에 근거를 두고 하는 사업인데 폰지 사기라고 할 수 있을까? 엄밀히 말하면 약간 다른 점이 있긴 하다. 국민연금에는 남의 돈을 몽땅 챙겨서 자취를 감추는 사기꾼은 없다. 그렇다고 안심하면 안 된다. 먼저 가입한 사람들에게 연금을 지급하기 위해 나중에 가입한 사람들의 돈을 갖다 쓰는 국민연금의 구조 때문이다. '아랫돌 빼서 윗돌 괴기'라는 점에선 국민연금과 폰지 사기에 구조적으로 차이가 없다.

국민연금은 내가 낸 돈을 국가가 모아뒀다가 나중에 돌려주는 게 아니다. 그런 속성이 있긴 하지만, 반드시 그렇다고 하기도 어렵다. 알 듯 모를 듯 하지만 그게 현실이다. 적금이나 보험 같은 금융상품과 근본적으로 다른 점이다. 국민연금은 돈을 내는 사람과 그 돈을 받아가는 사람이 따로 있다. 한마디로 요약하면 일하는 세대가 낸 돈을 은퇴 세대가 받아가는 식이다. 그런데 일하는 세대는 점점 줄어들고 은퇴 세대는 계속 늘어난다. 그러니 국민연금 재정이 버티지 못하는 것이다.

설마라고 하지 말고 인정할 건 솔직히 인정하자. 국민연금이 완전 고갈까지는 시간이 많이 남은 것도 아니다. 국민연금법에 따라 구성한 국민연금 재정추계위원회가 2023년 1월 발표한 계산이다. 이 위원회는 2055년이면 국민연금 기금의 잔액이 한 푼도 남지 않을 것으로 예상했다. 1990년생이라면 비로소 노령연금을 받을 수 있는 연령인 65세가 되는 시점이다. 젊은 시절에 열심히 일하며 국민연금 보험료를 냈는데 막상 연금을 받을 나이가 돼서 한 푼도 남은 게 없다고 하면 얼마나 황당한 일인가.

정부가 2024년 9월에 발표한 새로운 재정 추계는 약간 달라지긴 했다. 여기선 국민연금의 완전 고갈 시점을 2056년으로 예상했다. 출산율 등 인구 구조 변화, 경제 성장률, 이민자 유입 등 미래의 각종 변수를 종합적으로 고려한 결과다. 한 해 전에 했던 계산과 비교하면 고갈 시점이 1년 늦어졌다. 그렇다고 별로 좋아할 일이 아니다. 앞으로 경제 성장률 등 일부 변수가 기대했던 것보다 나빠지거나 하면 국민연금의 고갈 시점은 더 앞당겨질 수 있다.

현재 국민연금이 처한 문제를 이해하는 데 매우 유용한 개념이 있다. 미국 하버드대 경제학과 교수인 그레고리 맨큐가 제시한 '공유자원의 비극'이란 개념이다. 〈맨큐의 경제학〉이란 책을 보면 목초지와 양 떼의 비유로 공유자원의 비극을 설명한다. 옛날에 한 마을이 있었다고 가정하자. 이 마을의 가장 중요한 경제활동은 양을 기르는 일이다. 이 마을의 양들은 마을 주변 초원에서 풀을 뜯어 먹으며 지낸다.

초원의 풀이 풍부할 때는 양들이 풀을 먹는 게 아무런 문제가 되지 않는다. 하지만 양의 숫자가 무수히 많이 늘어난다면 어떻게 될까? 마을 주변의 초원은 황폐해지고 양들이 뜯어먹을 풀은 남지 않게 된다. 풀이 없기 때문에 더 이상 양을 기를 수 없게 된 마을 사람들은 결국 경제 기반을 잃는다. 공유자원(초원의 풀)을 무분별하게 소비한 결과 마을 사람 모두가 불행해진 것이다.

국민연금이 처한 상황은 이 비유와 놀라울 정도로 많이 닮았다. 양은 65세 이상 고령자, 초원의 풀은 국민연금 기금에 비유할 수 있다. 한국의 인구 구조를 보면 고령자는 시간이 갈수록 급격히 불어난다. 바닷가에 거대한 쓰나미가 밀려오는 것과 비슷한 모습이다. 이미 2024년 기준으로 한국 사회에선 65세 이상 고령 인구가 1000만 명을 넘어섰다. 반면에 이들을 부양할 청년 세대의 인구는 갈수록 줄어든다.

물론 초원의 풀(국민연금 기금)도 일정한 시점까지는 꾸준히 늘어나긴 한다. 하지만 도저히 양 떼(고령 인구)의 증가 속도를 감당하지 못한다. 국민연금은 양 떼를 키우던 마을이 처한 상황보다 훨씬 심각한 문제가 있다. 양들이 먹을 풀이 모두 사라지면 이 마을에선 남은 양 떼를 어떤 방식으로든 처분할 것이다. 다른 마을로 팔아 치울 수도 있고, 도축장에 넘길 수도 있다. 주인 없이 방치해 굶어 죽게 놔둘 수도 있을 것이다. 마을 주민에건 최후의 수단으로 양들이 죽어가게 포기하는 방법이 가능하다는 뜻이다.

하지만 사람은 이런 식으로 할 수 없다. 노인 인구 급증이 아무리 사회적으로 큰 부담이 된다고 해서 그 숫자를 인위적으로 조절할 수 있을까? 현실적으로 불가능하다. 영화 같은 가상의 세계에서나 가능한 디스토피아다.

2024년 2월 국내 극장가에서 개봉했던 일본 영화 '플랜 75'는 이런 세계를 그리고 있다. 이 영화에선 국가가 특별법을 통과시켜 75세 이상 노인에게 안락사를 유도하는 모습을 보여준다. 국가가 장려하는 노인 안락사는 강제는 아니고 최종 선택은 노인들 각자의 몫이긴 하다.

하지만 국가기관이 고용한 상담원들은 최대한 노인들을 설득해 안락사를 선택하게 하라고 교육을 받는다. 교묘한 말로 노인들에게 '사회를 위해선 내가 죽어줘야 한다'는 인식을 심어주는 것이다. 인간의 존엄성이 말살된 가상의 세계에선 사회적·경제적 효율성이 나이 많은 인간의 삶과 죽음을 가르는 기준이 된다. 현실에서 겪고 있는 인구 고령화의 심각성을 생각하면 상당히 묵직한 울림을 담고 있는 영화였다.

노인 인구의 인위적 조절은 윤리적으로는 물론이거니와 정치적으로도 불가능한 선택이다. 국민연금 기금이 고갈될 무렵에 누가 정권을 잡고 있든지 막대한 숫자의 노인 표를 결코 무시할 수 없을 것이다. 만일 그랬다가는 노인 세대의 거센 반발로 어떤 정권이라도 버텨내지 못할 것이다.

그렇다면 도저히 해법이 없는 걸까? 딱 한 가지 방법이 있긴 하다. 국민연금 기금이 완전히 고갈된 뒤에도 노인들에게 연금을 지급하려면 이 수밖에 없다. 바로 '빚'이다. 비유하자면 마을 주민들이 다른 데서 빌려온 돈으로 풀을 사들여 양 떼를 먹이는 방법이다. 그러면 공유자원의 비극은 해결된 것일까? 전혀 아니다. 오히려 상황은 악화하고 병은 더 깊어진다.

일단 돈이 떨어져 빚을 내기 시작하면 한 번으로 그치지 않는다. 사실상 영원히 계속해야 한다. 그 빚은 줄어들기는커녕 시간이 갈수록 불어난다. 그 빚은 누가 갚을 것인가? 놀랍게도 이런 식의 해법을 주장하는 사람들이 적지 않다. 국가가 빚을 내서 국민연금 기금에서 부족한 돈을 채우면 되지 않느냐는 주장이다.

여기엔 결정적 한계가 있다. 당장은 갚지 않더라도 언젠가 누군가에게 엄청난 부담이 된다. 여기서 말하는 누군가는 미래 세대다. 단지 세상에 늦게 태어났다는 이유로 앞 세대가 막대한 빚을 떠넘기는 건 너무나 무책임하다. 비유하자면 30년 뒤 손자 세대가 먹을 밥상을 할아버지 세대가 미리 먹어치우는 셈이다. 나중에 손자 세대가 빚에 쪼들리든 말든 상관하지 않겠다는 발상이다. 자신의 핏줄이 이어진 직계 손자라면 결코 이렇게까지 잔인한 짓을 하지 않을 것이다. 하지만 불특정 다수의 '손자 세대'에 대해선 한없이 잔인해질 수 있는 게 인간의 이기심이다.

일본도 과거엔 비슷한 선택을 했다. 막대한 노인 복지 비용을 국가가 빚으로 떠안았다. 그래서 일본이 좋은 선택을 했다고 말할 수 있을까? 그나마 일본은 한국보다 결정적으로 유리한 두 가지 조건을 갖고 있었다. 하나는 일본 가계의 높은 저축률이다. 한국은 '시한폭탄'이란 말이 나올 정도로 과도한 가계 부채에 시달린다. 하지만 일본에선 가계가 저축에만 몰두하고 소비를 하지 않는다고 고민이다. 일본 사람들은 높은 저축률을 바탕으로 일본 정부가 발행한 채권을 거의 무이자나 다름없는 가격에 사줬다. 그나마 일본이 막대한 국가 부채에도 견딜 수 있는 배경이다.

다른 하나는 국제 금융시장에서 일본 엔화의 위상이다. 기축통화인 미국 달러화보다는 못하지만, 글로벌 투자자들에게 일본 엔화는 중요한 투자 자산으로 평가받는다. 한국 원화는 어떤가. 일본 엔화를 따라가려면 아직 한참 멀었다. 이런 상황에서 한국의 국가 부채가 급격히 불어난다면 심각한 금융위기가 닥칠 수도 있다. 국민연금 재정 고갈이 안고 있는 위험성을 결코 과소평가해선 안 되는 이유다.

2

윤석열 표 연금개혁의 실패: 무책임의 극치

윤석열 정부의 연금개혁은 결국 실패했다. 정치적 입장이나 진영을 떠나 냉정한 평가가 필요하다. 윤석열 정부 초기에는 당장에라도 연금개혁을 할 것처럼 큰소리를 치더니 임기 2년 차에는 알맹이가 쏙 빠진 '맹탕 개혁안'으로 책임을 회피했다. 임기 3년 차에는 야당과 소모적인 갈등을 벌이면서 한 걸음도 나가지 못했다.

연금개혁이야말로 사회적 합의가 중요하고, 그러기 위해선 정부·여당과 야당의 협조가 필수적이다. 그런데 대통령이 야당을 대화의 파트너로 인정하지 않는다면 야당이 순순히 협조할 리가 없지 않겠나. 야당이 잘했다는 건 아니지만, 더 큰 책임은 정부와 여당에 있다고 봐야 한다.

그동안 어떤 일이 있었는지 차분히 살펴보자. 일단 시작은 분위기가 괜찮았다. 2022년 5월 윤석열 정부가 출범하던 무렵이다. 2022년 3월 대선에서 주요 후보들은 연금개혁이 시급하다는 점에 공감대를 표시했다. 윤석열 대통령은 취임 직후 3대 개혁으로 노동·교육·연금개혁을 강조했다.

그런데 연금개혁은 말뿐이었다. 구체적으로 무엇을 어떻게 하겠다는 게 없었다. 연금개혁이라고 하면 크게 두 가지 방안을 생각할 수 있다. 첫째는 '더 내고 덜 받기'다. 연금 재정의 고갈을 막기 위해 연금 보험료를 올리고 연금 지급액은 깎는 방안이다. 이렇게 연금 지급액을 깎으면 공적 연금의 본래 목적인 노후 소득보장 기능이 약해지는 건 어쩔 수 없다. 유권자의 표를 중시하는 정치인의 입장에선 웬만해선 나서고 싶지 않을 것이다. 그래도 국가의 미래를 생각한다면 누군가는 총대를 메고 앞장서야만 하는 방안이다.

둘째는 '더 내고 더 받기'다. 연금 보험료도 올리고 연금 지급액도 올리는 방안이다. 얼핏 그럴듯해 보이지만 위험한 함정이 있다. 가뜩이나 연금 재정이 취약한 상황에서 연금 지급액까지 올리면 연금 기금이 고갈되는 속도는 더 빨라진다. 이걸 막으려면 연금 보험료를 굉장히 많이 올려야 한다.

세계 어느 나라를 봐도 적게 내고 많이 받는 '마법의 연금'은 없다. 누군가 적게 내고 많이 받아가려면 그 이면에는 많이 내고 적게 받아가는 사람이 있어야 한다. 그게 아니면 정부가 엄청난 국가 부채를 일으켜 연금 재정의 부족한 돈을 메우는 방법뿐이다. 이렇게 생긴 국가 부채는 결국 미래 세대가 갚아야 한다.

처음에 윤석열 정부는 국회에 모든 책임을 떠넘기려고 했다. 2023년 10월 말 정부가 국무회의에서 의결한 국민연금 종합운영계획이다.

여기엔 가장 중요한 연금 보험료율의 구체적인 인상안이 없었다. 뒤집어 말하면 '나(정부)는 욕먹는 일에 총대를 메고 싶지 않으니 당신들(국회)이 알아서 하라'는 뜻이었다. 그동안 정부를 믿고 기다린 국민에 대한 배신이었다. 주요 언론은 보수와 진보를 가리지 않고 맹탕 개혁안이란 비판을 쏟아냈다.

2024년 4월 10일 국회의원 총선 직후에 다시 한번 고비가 찾아왔다. 통상 총선이 끝나면 새로운 국회가 구성되기 전까지 기존 국회는 남은 임기 동안 중요한 일은 벌이지 않으려고 한다. 이때는 분위기가 좀 달랐다. 갑자기 국회 연금개혁특별위원회가 바쁘게 돌아갔다.

야당은 이른바 '시민참여형 대표단' 500명의 공론화 설문조사 결과를 명분으로 내세웠다. 국가의 중요한 정책 결정을 소수의 참여자를 대상으로 한 설문조사에 의존할 수 있는지는 의문스럽다. 말이 좋아 시민참여형이지 실제로는 왜곡된 정보에 의한 의사 결정이 이뤄질 위험이 있다는 점에서 주의가 필요하다.

어쨌든 시민참여형 대표단의 다수는 '더 내고 더 받는' 연금개혁을 선호한다는 결과가 나왔다. 야당인 더불어민주당은 이걸 무기로 내세워 여당인 국민의힘을 압박했다. 국민의힘 지도부는 이러지도 저러지도 못하는 무기력한 모습을 보였다. 애초에 여당도 시민참여형 대표단 공론화 조사에 동의했던 만큼 조사 결과를 무작정 부정하기도 어려웠다.

일단 연금 보험료율 인상안에는 여야 간 별다른 이견이 없었다. 현재 9%인 연금 보험료율을 단계적으로 13%까지 올리는 방안이었다.

문제는 국민연금의 소득대체율이었다. 이 비율이 높아지면 노후 소득 보장을 강화하는 효과는 있지만, 연금 재정의 고갈 속도는 빨라질 수밖에 없다. 여당은 소득대체율 43%, 야당은 45%를 협상안으로 제시했다. 노무현 정부 시절 연금개혁에서 소득대체율을 단계적으로 40%까지 낮추기로 했던 계획을 뒤집는 것이었다.

소득대체율을 둘러싼 여야 간 의견 차이로 협상은 결렬되는 듯했다. 그러자 야당이 갑자기 소득대체율 44%를 제시하면서 분위기가 달라졌다. 결국 여당이 최종 거부하면서 연금개혁은 무산되고 21대 국회는 아무 성과 없이 2024년 5월 29일 임기를 마쳤다. 그 과정에서 비난의 화살이 집중된 쪽은 여당이었다. 고작 1~2%포인트 차이로 연금개혁을 무산시키느냐고 주장하는 목소리가 커졌다.

'고작 1~2%포인트'라는 주장은 하나만 알고 둘은 모르는 말이다. 만일 연금 소득대체율이 몇 년 정도 단기적으로 적용되고 마는 것이라면 1~2%포인트라는 숫자는 대단한 게 아닐 수도 있다. 그런데 연금은 한번 구조를 결정하면 한 세대(30년) 이상 유지하는 게 일반적이다. 길게는 100년 이상 갈 수도 있다. 처음엔 1~2%포인트가 작아 보이지만 수십 년간 누적되면 엄청난 차이가 발생할 수 있다는 얘기다. 이런 점을 자세히 따져보지 않고 당장의 정치적 이해관계에 얽매여 섣부른 결정을 내린다면 역사에 죄를 짓는 것이다.

우여곡절 끝에 윤석열 정부의 국민연금 개혁안이 나온 건 2024년 9월이었다. 이미 늦어도 한참 늦은 시점이었다. 임기 초반 좋은 타이밍을 놓치고 개혁을 추진하는 동력이 상당히 약해졌다. 그래도 아무 것도 안 하는 것보다는 나았다. 국민연금 보험료율 13%, 소득대체율 42%의 조합이 정부안이었다.

정부는 세대 간 형평성을 고려해 연령대별로 보험료율 인상을 다르게 적용하는 방안도 제시했다. 인구 구조의 변화나 가입자 수, 경제 상황 등과 연계해 연금 수급액을 자동으로 조정하는 장치의 도입 방안도 담았다. 이런 자동조정장치가 있으면 개혁을 자주 하지 않아도 연금 재정의 안정을 도모할 수 있다.

그런데 윤석열 대통령의 느닷없는 비상계엄은 연금개혁을 위한 실낱같은 희망을 완전히 박살 내 버렸다. 2024년 12월 3일 비상계엄 선포와 같은 해 12월 14일 국회의 윤석열 대통령 탄핵소추안 의결로 여야 간 정치 협상은 전면 중단되고 정국은 꽁꽁 얼어붙어 버렸다. 전쟁이나 소요 사태가 발생한 게 아닌데 비상계엄을 선포한 것도 황당한 상황이지만, 미래 세대를 위한 연금개혁을 결국 실패로 돌렸다는 점은 두고두고 비판을 받아야 한다.

언젠가 국민연금 재정 고갈로 인한 고통이 현실화되면 미래 세대는 2023년과 2024년 윤석열 정부의 무책임을 더욱 원망하게 될 것이다. 윤 대통령은 시대적 소명인 연금개혁을 어이없게 망쳤다는 사실로도 '역사의 죄인'이란 비판을 면치 못할 것이다.

3   '시한폭탄' 국민연금 재정 상태: 미래가 안 보인다

국민연금 재정은 장기적으로 지속 가능하지 않다. 당장은 아니지만 언젠가는 폭탄처럼 터질 수밖에 없다. '시한폭탄'이란 말도 전혀 과장이 아니다. 이렇게 폭발 위험을 알고 있으면서 아무것도 하지 않고 방치하는 건 중대한 잘못이다.

국민연금 재정 상태가 얼마나 심각한 상황인지 좀 더 자세히 알아보자. 국민연금 기금은 법에 따라 5년마다 재정 계산을 다시 해야 한다. 국민연금법 4조의 '국민연금 재정 계산 및 장기재정균형 유지'란 조항이다. 5년이란 기간은 1987년 헌법 개정으로 규정한 대통령 임기와 같다. 다시 말해 누가 대통령이 되든지 임기 내에 최소한 한 번은 국민연금 재정 상태를 점검하고 대책을 세워야 한다는 의미다.

1차 재정 계산은 노무현 정부 때인 2003년이었다. 이때는 2047년에 국민연금이 완전히 고갈될 것으로 예상했다. 1982년생이 65세가 되는 시점에 국민연금 기금 재정이 바닥을 드러낸다는 얘기였다. 이래선 안 되겠다는 사회적 공감대가 생겼다. 결국 국민연금 제도 도입 이후 두 번째 개혁이 2007년에 이뤄졌다. 연금개혁의 자세한 내용은 나중에 다시 설명한다.

연금개혁의 과정은 어렵고 험난했지만 귀중한 성과를 남겼다. 2008년 2월 이명박 정부가 들어선 뒤 2차 재정 계산이 이뤄졌다. 이때 추산한 국민연금 기금의 완전 고갈 시점은 2060년이었다. 충분치는 않지만 노무현 정부의 연금개혁 덕분에 기금 고갈 시점을 13년이나 늦출 수 있었다. 그런데 2060년 이후는 여전히 대책이 없었다. 2013년 박근혜 정부에서 3차 재정 계산 결과를 내놨다. 연금 고갈 예상 시점을 2060년으로 유지했다.

국민연금 재정 계산에는 출산율과 경제 성장률 등 다양한 변수를 고려한다. 출산율이 낮아지거나 경제 성장이 부진하면 국민연금의 고갈 속도도 빨라진다. 저금리 등으로 국민연금 기금 수익률이 낮아져도 국민연금 재정에는 부정적 영향을 준다.

2018년 문재인 정부 때 4차 재정 계산에선 다시 경고등이 켜졌다. 기금 고갈 시점이 2057년으로 앞당겨졌다. 2차, 3차 재정 계산과 비교하면 3년의 차이가 난다. 2023년 윤석열 정부의 5차 재정 계산에선 기금 고갈 시점을 2055년으로 다시 2년을 앞당겼다. 이런 추세라면 2028년에는 기금 고갈 예상 시점이 더욱 앞당겨질 가능성이 있다. 만일 그때까지 연금 개혁을 전혀 하지 않고 무책임하게 손 놓고 있다면 충분히 생길 수 있는 일이다.

인구 변화의 시계는 우리가 막연하게 생각하는 것 이상으로 빠르게 돌아가고 있다. 국민연금 기금의 고갈 시점을 추산할 때 가장 기본이 되는 건 인구 변화다. 통계청이 2016년 12월에 발표한 인구 추계를 살펴보자. 여기선 한국에서 인구의 자연 감소가 시작되는 시점을 2029년으로 예상했다. 여러 가지 변수를 고려할 때 이때쯤 처음으로 사망자가 출생아보다 많아질 것이란 분석이었다. 이제 와서 돌이켜보면 터무니없이 낙관적인 오산이었다.

2019년 3월에는 통계청이 다시 인구 추계를 발표했다. 이 자료에선 상황이 극적으로 변했다. 인구의 자연 감소가 시작되는 시점을 2019년 하반기에서 2020년 상반기로 수정했다. 사망자가 출생아보다 많아지는 시점이 한꺼번에 10년이나 앞당겨진 것이다. 두 자료의 발표 시점은 불과 2년 4개월밖에 차이가 나지 않는다. 실제로는 2019년 11월을 고비로 사망자가 출생아보다 많아지는 '역전 현상'이 발생했다. 1953년 7월 한국전쟁의 포화가 멈춘 이후 66년 만에 인구 감소의 시대가 찾아왔다.

2022년 12월 통계청이 발표한 인구 추계에선 더욱 비관적인 전망이 나왔다. 2072년 한국의 총인구는 3622만 명으로 예상했다. 인구수만 놓고 보면 1977년과 비슷한 수준이 될 것이란 뜻이다. 하지만 연령대별 인구 구조는 정반대다. 1977년에는 유소년과 청년 인구가 많고 노인 인구는 적은 피라미드형이었다면 2072년에는 노인 인구는 많고 유소년과 청년 인구는 적은 역피라미드형이 될 것이다. 어느 쪽이 더 역동적이고 활기찬 사회 분위기를 형성할 것인지는 두말할 필요도 없다. 인구 구조로만 보면 한국 사회는 100년 전으로 퇴행을 면치 못할 것이란 불길한 예고다.

통계청은 매년 '생명표'라는 통계 자료도 발표한다. 2024년 12월에 나온 '2023년 생명표'에 따르면 30세인 1993년생이 앞으로 살아갈 것으로 기대되는 연수는 남성 51.3년, 여성 57년이었다. 2023년 기준으로 다른 조건에 변화가 없다면 1993년생 남성은 평균적으로 81.3세, 1993년생 여성은 87세까지 살 수 있다는 뜻이다. 물론 모든 사람이 똑같은 건 아니다. 사람에 따라서 90세, 100세까지 사는 경우도 많이 나올 것이다.

그런데 국민연금 재정 추계에 따르면 이들이 65세가 되는 2058년에는 국민연금 기금이 한 푼도 남지 않는다. 특단의 연금 개혁이 없다면 이들은 국민연금 기금이 완전 고갈된 상태에서 노후 생활을 이어나가야 한다. 물론 이들이 65세 이후에 연금을 전혀 받지 못한다는 건 아니다. 정부가 막대한 예산을 쏟아 부어야만 약속한 연금을 지급할 수 있을 것이다. 이 돈은 결국 미래 세대의 미래를 담보로 잡혀서 얻어낸 빚이다.

실제로는 이런 일이 벌어지지 않기를 간절히 바란다. 만일 이런 일이 벌어진다면 미래 세대가 순순히 희생을 감수하고 가만히 두고 보고 있지만은 않을 것이다. 어쩌면 세대 갈등이 극도로 첨예해져 사회적으로 대혼란이 벌어질 수도 있다. 분명한 점은 30년 정도 미래를 내다봤을 때 현재의 국민연금은 개혁이나 파국이란 둘 중 하나를 선택할 수밖에 없다.

평소 국민연금 보험료를 꼬박꼬박 냈던 사람들은 억울하다는 생각이 들 것이다. 당연한 일이다. '월급쟁이'라고 불리는 급여 생활자들은 더욱 그럴 것이다. 이들은 손에 쥐어 보지도 못하고 매달 급여에서 국민연금 보험료를 원천징수 방식으로 납부하고 있다. 급여 명세표에는 금액이 찍히겠지만 자세히 보지도 않고 지나치는 경우가 대부분일 것이다. 다만 그 돈이 언젠가 노후생활에 보탬이 될 것이란 기대로 참고 있을 뿐이다.

국민연금의 구조적 모순은 이렇게 요약할 수 있다. 한마디로 '적게 내고 많이 받기' 때문이다. 이런 문제를 오래 전부터 알고 있었는데도 정치권은 근본적인 수술을 회피해왔다. 한국 사회가 1988년 국민연금 제도를 도입할 때만 해도 지금과 같은 암울한 미래를 예견하진 못했다. 그때는 지금과 달라도 너무 달랐다. 1988년은 '3저(저유가·저금리와 달러 약세) 호황'의 끝자락에서 한국 경제가 고도 성장을 이어가던 시기였다. 1988년 경제 성장률은 12%를 기록했다. 연간 1~2%대 성장률과 비교하면 격세지감이 느껴진다.

저금리와 저성장은 국민연금의 운명에 치명적인 요인이 됐다. 고금리·고성장 시대의 연금 설계가 더 이상 유효하게 작동할 수 없다는 건 명백하다. 앞으로는 어떨까? 일단 경제 성장률을 말하자면 과거와 같은 고성장 시대로 되돌아가기는 현실적으로 불가능하다. 오히려 일본식 버블 붕괴와 장기 불황을 우려하는 전문가들이 늘어나고 있다. 금리도 과거와 같은 두 자릿수 금리는 다시는 돌아오지 않을 가능성이 크다. 일본식 제로 금리까진 아니더라도 한국은행이 기준 금리를 장

기간 높은 수준으로 유지하는 건 매우 어렵다.

　인구 구조와 경제 성장률, 금리의 어느 한 가지도 국민연금의 전망을 밝게 하는 변수는 보이지 않는다. 그렇다면 이대로 손 놓고 있어야 하는 걸까? 그렇지 않다. 포기는 금물이다. 늦었지만 이제라도 연금 개혁을 서둘러야 한다.

4   역대 정부의 연금 개혁: 쉬운 길은 없다

"국민연금이라니, 나라 말아먹자는 얘기 아니오." 1984년 국민연금 관련 보고를 받던 전두환 대통령이 했다는 말이다. 우리나라에서 우여곡절 끝에 국민연금법이 국회를 통과한 건 전 대통령 시절인 1986년 12월이었다. 이후 1년 정도 준비 기간을 거쳐 1988년 1월 국민연금법이 시행됐다.

앞서 언급한 대로 전 대통령은 처음엔 국민연금 도입에 매우 부정적이었다. 전 대통령은 "국민연금 하다가는 우리도 영국같이 망해요"라며 질색을 했다고 한다. 우리보다 훨씬 일찍 국민연금 등 각종 복지 제도를 시행했던 영국은 1970년대 후반에서 1980년대 초반 시점에서 복지 비용의 누적으로 큰 어려움을 겪고 있었다. '철의 여인'으로 불리는 마거릿 대처 총리가 각종 개혁 정책을 밀고 나갔지만, 그런 개혁 정책으로 인해 불이익을 받게 된 사람들의 반발로 사회적 진통이 극심했다.

그러던 전 대통령이 마음을 돌린 계기는 1986년 4월 유럽 순방을 마

치고 돌아오는 비행기 안에서였다고 한다. 김상균 서울대 명예교수 (사회복지학)는 이렇게 전한다. "어떤 이유로 전 대통령은 그렇게도 완강하게 반대하던 국민연금을 실시하는 쪽으로 돌아서게 되었는가? 이에 대한 대답은 갑자기 그가 국민의 노후복지를 걱정하게 되는 등의 복지적 고려에서 나왔다는 것이 아니라는 데 있다. 진짜 이유는 당시 고조되고 있던 노동운동의 기세를 누그러뜨리기 위한 정치적 동기라는 것이다."

그렇게 도입한 국민연금은 처음부터 심각한 모순을 안고 있었다. 초기 가입자에겐 지나치게 너그럽지만 미래 세대에겐 막대한 부담을 안기는 연금 설계의 문제였다. 국민연금법 시행 첫해인 1988년 한국인구보건연구원 연구팀이 국민연금의 재정 추계를 해봤다. 그랬더니 2029년부터 국민연금 기금에 적자가 발생하고 2047년에는 기금이 한 푼도 남지 않고 고갈된다는 결론이 나왔다. 2003년 국민연금법에 의한 1차 재정 추계 때와 비슷한 결과를 이미 15년 전에 내다보고 있었다는 뜻이다.

국민연금의 최대 모순은 '젊을 때 적게 걷고 노후에 많이 주는 것'에 있었다. 급여생활자라면 매달 월급의 3%(연금 보험료율)씩 걷어서 60세 이후에는 평균 월급의 70%(연금 소득대체율)를 주는 구조였다. 보험료율 3% 가운데 절반(1.5%)은 근로자가 내고 나머지 절반(1.5%)은 사용자가 냈다. 초기 국민연금 가입자 입장에선 가만히 앉아서 높은 수익이 보장되는 '꿈의 연금'이었다고 할 수 있다.

국민연금은 도입 후 5년마다 두 차례에 걸쳐 보험료율을 인상하도록 설계했다. 첫 5년(1988~1992년) 동안 보험료율 3%를 적용한 뒤 두 번째 5년(1993~1997년)에는 6%로 올렸다. 그중 근로자는 2%, 사용자는 2%를 내고 추가로 퇴직금 전환금에서 2%를 내도록 했다. 근로자가 언젠가 직장을 그만둘 때 받을 돈(퇴직금)에서 미리 국민연금 보험료(2%)를 떼어가는 방식이었다.

1998년에는 보험료율이 9%가 됐다. 근로자 3%, 사용자 3%, 퇴직금 전환금 3%를 합친 숫자였다. 1999년에는 퇴직금 전환금에서 연금 보험료를 떼어가는 방식을 폐지했다. 대신 근로자(4.5%)와 사용자(4.5%)가 절반씩 나눠 내도록 했다.

문제는 '보험료율 9%'라는 벽이 26년 넘게 변함없이 유지되고 있다는 점이다. 9%는 절대적으로 지켜야 하는 마지노선이 아니다. 연금 보험료율을 10% 이상의 두 자릿수로 하지 않으려는, 그래서 연금 가입자의 반발이란 부담을 회피하려는 정부와 정치권의 무책임이 연금 재정의 모순을 심화시켰다.

그동안 연금 개혁의 시도가 없었던 것은 아니다. 1998년과 2007년 두 번의 큰 수술(연금 개혁)이 있었기에 이나마 연금 재정이 버틸 수 있었다. 듣기 좋게 표현하면 '개혁'이지만 실제로는 '연금 삭감'의 과정이었다. 당시 개혁의 강도가 충분했던 것은 아니다. 연금 재정의 고갈이란 '시한폭탄'을 해결하기보다는 미뤄 놓는 것에 그쳤다. 그렇더라도 아예 개혁을 하지 않았던 것과 비교하면 큰 효과가 있었다.

사실 정치인 입장에서 연금 개혁은 유권자의 표를 얻는 데 도움이 되지 않는다. 연금을 삭감당하는 쪽이 정서적으로 반발하는 게 당연하다. 개혁의 혜택을 받는 미래 세대는 투표권을 행사하기엔 너무 어리거나, 아직 태어나지도 않았다. 정치인들이 내 임기만은 넘기고 보자는 유혹을 느끼는 것도 이해는 된다. 하지만 우리 사회의 미래를 생각한다면 너무나 무책임한 일이다.

그렇기에 연금 개혁을 추진했던 역대 대통령은 그 부분에 대해선 높은 평가를 받을 만하다. 1998년 연금 개혁은 김영삼 대통령과 김대중 대통령의 합작품이었다. 2007년 연금 개혁은 노무현 대통령의 업적이었다. 최고 지도자인 대통령의 강력한 의지가 없었다면 불가능한 개혁이었다.

노무현 정부에서 보건복지부 장관을 맡았던 유시민 작가는 이런 회고를 남겼다. 유 전 장관은 "법안을 만들어 여당(열린우리당)에 주기 전에 먼저 야당(한나라당)하고 협상한 걸 대통령이 일일이 다 보고받았고, 그래서 백지 위임장을 받고 협상해 나갔다"고 말했다. 물밑 협상에서 법안 통과의 대가로 야당이 요구하는 것에 대해선 "(노 대통령이) 뭐든지 다 해주겠다고 했다. 뭐든지 다"라며 "(협상이) 막힐 때마다 전 과정에 대통령이 개입했다"고 전했다.

이런저런 이유로 '노무현 정신'을 말하는 사람들은 많아도 의외로 연금 개혁을 말하는 사람은 많지 않다. 필자는 노무현 전 대통령의 대표적인 업적 중에는 연금 개혁이 반드시 들어가야 한다고 믿는다.

PART
4

국민연금,
한 푼이라도
더 받으려면

......

1   조기연금과 연기연금: 어느 쪽이 이익일까

만일 당신이 1963년생이라면 그리고 국민연금 가입 기간이 10년 이상이라면 2026년에 당신은 중요한 선택을 해야 한다. 그것은 국민연금을 몇 살부터 받을지 정하는 것이다. 출생연도마다 조금씩 차이는 있지만 63~65세가 되면 이런 선택의 갈림길에 서게 된다.

이런 질문도 가능하다. "연금을 받는 나이는 정해져 있지 않나요?" 여기에 이렇게 대답할 수 있다. "맞습니다. 하지만 본인의 선택에 따라 달라질 수 있습니다." 국민연금법에는 노령연금을 받는 나이를 정해 뒀다. 1961~1964년생은 63세, 1965~1968년생은 64세, 1969년 이후 출생자는 65세다.

그런데 본인의 선택으로 노령연금을 받는 나이를 앞당길 수도 있다. 이렇게 당겨 받는 것은 조기노령연금이라고 한다. 노령연금을 받는 나이를 늦출 수도 있다. 이렇게 늦춰서 받는 것은 연기노령연금이라고 부른다. 기간은 앞뒤고 최장 5년이다. 예컨대 1970년생이라면 60세부터 조기연금을 받을 수도 있고, 70세부터 연기연금을 받을 수도 있다. 물론 65세부터 일반 노령연금을 받는 것도 가능하다.

이 책의 앞부분을 읽어 보신 분들은 이런 생각을 할 수 있다. 연금 재정이 그렇게 심각한 상황이라면 하루라도 빨리 연금을 받는 게 좋지 않을까? 너무 그렇게 겁을 먹을 필요는 없다.

현행 국민연금이 심각한 모순을 안고 있는 것은 분명하다. 그렇다고 국민연금을 완전히 포기하는 것은 어리석은 일이다. 비유하자면 부모 속을 썩이는 자녀가 있다고 해서 자녀와 인연을 끊어 버릴 수 없는 것과 비슷하다. 국민연금 가입은 법적인 의무다. 개인적으로 싫다고 해서 마음대로 인연을 끊어버리는 건 불가능하다. 이왕 어쩔 수 없이 가입했다면 조금이라도 본인에게 유리한 방법을 찾는 게 좋다.

혹시 국민연금을 앞당겨 받을 수 있다면 그렇게 하는 게 이익이라고 생각할지 모르겠다. 매사는 그렇게 간단하게 풀리지 않는다. 앞당겨 받을수록 연금액은 줄어든다. 반대로 늦춰 받을수록 연금액은 늘어난다. 연금액에 할인(조기연금)이나 할증(연기연금)을 적용하기 때문이다.

이런 할인이나 할증을 가볍게 볼 수 없다. 연기연금을 선택하면 한 달 연기할 때마다 0.6%씩 연금액이 더해진다. 1년이면 7.2%, 최대 기간인 5년을 꽉 채우면 36%다. 원래 연금액이 100만원인데 5년을 늦춰 받는다면 월 136만원이 된다는 뜻이다.

반면 조기연금을 선택하면 0.5%씩 연금액을 깎는다. 1년이면 6%, 최대 기간인 5년을 채우면 30%다. 다만 아무나 조기연금을 선택할 수 있는 건 아니다. 법적으로 소득이 있는 업무에 종사하지 않는 경우에만 가능하다. 조기연금을 받는 사람이 소득이 있는 업무에 종사하는게 확인되면 연금 지급이 중단된다.

조기연금과 연기연금은 장점과 단점이 함께 존재하기 때문에 일률적으로 어느 쪽이 좋다고 말하긴 어렵다. 무엇보다 두 가지 변수를 고려해 심사숙고하길 바란다.

우선 고려할 변수는 건강보험료 납부액이다. 직장 근로자가 이런저런 사정으로 회사를 그만두고 새로운 직장을 구하지 못하면 건강보험 가입자의 지위도 바뀐다. 결국 둘 중 하나다. 지역 가입자가 되느냐, 소득이 있는 가족의 피부양자가 되느냐. 많은 사람이 가능하다면 피부양자가 되고 싶어 한다. 그러면 건강보험료를 추가로 내지 않아도 되기 때문이다. 그렇지 않고 지역 가입자가 된다면 건강보험료 부담이 적지 않을 수 있다.

직장에 다니는 동안에는 매달 월급에서 원천징수로 건강보험료를 떼어가기 때문에 보험료가 얼마인지 크게 의식하지 않았을 것이다. 여기서 건강보험료의 절반은 근로자가 내지만 나머지 회사가 내준다. 그런데 직장을 그만두는 순간 냉혹한 현실을 마주해야 한다. 지역 가입자의 건강보험료를 계산하는 방식은 직장 가입자와 아주 다르다. 지역 가입자는 소득뿐 아니라 재산에 대해서도 보험료를 내야 한다.

직장에서 은퇴 후 국민연금을 받는다면 어떻게 될까. 건강보험료 계산을 위한 소득에는 공적 연금인 국민연금도 포함한다. 다만 전액은 아니고 50%만 계산에 넣는다. 예컨대 월 100만원의 연금을 받는다면 건강보험료를 계산할 때 50만원의 소득이 있는 것으로 간주한다는 뜻이다.

그러니 국민연금을 많이 받는다면 건강보험료도 자동으로 비싸진다. 만일 비싼 부동산을 소유하고 있으면서 연기연금을 받기로 했다면 건강보험료 부담이 상당히 클 수 있다. 이렇게 연기연금을 선택할 때는 건강보험료라는 변수를 함께 고려해야 한다는 점을 잊어선 안 된다.

반대로 조기연금은 건강보험료 부담을 낮추는 효과가 있다. 연금 외에 다른 소득이 적거나 아예 없다면 건강보험 피부양자가 될 수도 있다. 조기연금을 선택함으로써 손해를 보는 부분과 건보료 납부에서 이익이 되는 부분을 잘 따져볼 필요가 있다.

다음으로 고려할 부분은 장수 리스크다. 건강보험료만 생각한다면 연기연금이 불리한 점이 분명하다. 그렇지만 어떤 사람에겐 연기연금이 유리할 수도 있다. 은퇴를 앞둔 사람이라면 두 가지 리스크를 머릿속에 둬야 한다. 하나는 장수 리스크, 다른 하나는 조기 사망 리스크다.

모든 사람은 언젠가 죽는다. 하지만 자기가 언제 죽을 것인지 정확히 알 수 있는 사람은 아무도 없다. 통계에서 말하는 평균 기대여명보다 더 오래 살 수도 있고 일찍 죽을 수도 있다. 오래 살면서 몸도 건강하고 경제적으로도 여유롭다면 더 바랄 것이 없을 것이다.

반면 경제적으로 충분한 준비가 돼 있지 않다면 오래 사는 게 반드시 축복이라고만 할 수 없다. 특히 70대, 80대로 접어들수록 각종 노인성 질환으로 의료비 부담이 급격히 늘어난다. 이게 바로 장수 리스크다.

보험의 본질은 위험에 대비하는 것이다. 장수 리스크에 대비하려면 당연히 조기연금보다 연기연금이 더 유리하다. 자동차 보험을 생각해보자. 보험에 가입한 뒤 사고 없이 무사히 지나간다면 그것으로 좋은 일이다. 물론 보험료는 한 푼도 돌려받지 못한다. 만일 부득이한 사고가 생겼을 때는 보험사에서 보상을 받을 수 있다. 이때 보험에 가입하지 않았다면 어떻게 될까? 막대한 손해를 감수하면서 보험에 가입하지 않은 걸 후회할 수도 있다.

국민연금은 대표적인 사회보험이다. 부분적으로 저축의 속성도 있긴 하지만, 노후 대비를 위한 보험으로서 속성이 더 강하다. 국민연금에서 보장하는 위험은 장수 리스크다. 이런 장수 리스크에 대비하기 위해서라면 연기연금도 고려할 만하다. 그렇다고 모든 사람에게 연기연금이 좋은 건 아니다. 머릿속이 복잡하지만 할 수 없다. 본인의 경제적 여건을 고려해 신중하게 선택할 수밖에 없다.

2 국민연금 임의가입: 남는 장사가 될까

국민연금은 기본적으로 강제 저축보험의 속성을 갖고 있다. 일정한 요건이 되면 국민연금법에 따라 반드시 가입해야 한다. 국민연금법 6조는 "국내에 거주하는 국민으로서 18세 이상 60세 미만인 자는 국민연금 가입 대상이 된다. 다만 공무원연금법, 군인연금법, 사립학교교직원 연금법 및 별정우체국법을 적용받는 공무원·군인·교직원 및 별정우체국 직원, 그 밖에 대통령령으로 정하는 자는 제외한다."고 규정한다. 공무원연금이나 군인연금, 사학연금 같은 다른 공적 연금에 가입한 사람이 아니라면 원칙적으로 국민연금에 가입해야 한다는 의미다.

국민연금 가입 연령에 해당하지만, 국민연금에 가입할 의무가 없는 사람들도 있다. 직장이나 개인 사업장 등에서 소득 활동을 하지 않는 사람들이다. 대표적인 경우가 전업주부다. 혹시라도 전업주부가 집에서 노는 사람들이라고 생각한다면 큰 잘못이다. 대부분 전업주부는 아침 일찍 일을 시작해 야근을 밥 먹듯이 한다. 휴일에도 제대로 쉬지 못하고 휴가도 거의 챙기지 못한다.

그런데 노후에 국민연금을 받지 못하는 경우가 많다. 애당초 자신의 이름으로 국민연금에 가입하지도 않았고 나라에서도 별로 관심을 갖지 않아서다. 이런 전업주부들은 여전히 공적 연금의 사각지대에 놓여 있다. 사실 직장인과 전업주부의 차이는 일을 하느냐, 안 하느냐가 아니다. 그들이 하는 일이 화폐로 환산돼 대가를 받느냐, 그렇지 않으냐의 차이다.

전업주부도 언젠가는 노인이 된다. 당연히 노후 준비가 필요하다. 전업주부도 나름의 방법으로 사회에 기여한 만큼 사회보장을 받을 권리와 자격이 있다. 노후 준비의 첫 번째 수단은 국민연금이다. 원래 전업주부나 학생같이 본인의 소득이 없는 사람들은 국민연금에 가입하지 않아도 된다. 이 말을 오해하면 안 된다. 의무적으로 가입하지 않아도 된다는 것이지, 가입 자체가 불가능하다는 뜻은 전혀 아니다. 본인이 자진해서 국민연금에 가입해 보험료를 내는 건 얼마든지 가능하다. 국민연금 임의가입이란 제도다.

노후에 국민연금을 얼마나 받을지 결정하는 요소는 크게 두 가지다. 국민연금에 가입해 보험료를 낸 기간과 액수다. 가입 기간은 최소한 10년이고 길면 길수록 좋다. 나이가 50대 초반이거나 그 이하라면 지금도 늦지 않았다.

국민연금 보험료는 원칙적으로 60세까지만 낸다. 그런데 임의가입 시점이 늦으면 10년을 채우지 못할 수도 있다. 만일 60세가 됐는데 가입 기간 10년을 채우지 못했다면 아직 기회가 있다. 임의계속가입이란 제도를 이용하는 것이다. 65세까지는 본인이 원하면 국민연금 보험료를 계속 낼 수 있게 허용한다. 일단 가입 기간 10년을 채우기만 하면 남은 평생 연금을 받을 수 있다.

전업주부 중에는 결혼 전에 직장을 다녔거나 소득 있는 일을 하면서 국민연금을 낸 이력이 있는 경우도 있다. 이런 사람들이 국민연금 가입 기간을 최대한 늘릴 수 있는 제도가 있다. 연금 보험료의 추후 납부라는 제도다. 그동안 밀린 보험료를 나중에 내는 대신 국민연금 가입 기간을 인정받을 수 있다는 얘기다.

추후 납부는 일시불로도 낼 수 있고 할부로도 가능하다. 다만 무이자 할부는 아니고 은행 정기예금 수준의 이자가 붙는다. 자금 여유가 있다면 일시불로 내거나 할부 기간을 최대한 짧게 하는 게 이자를 아끼는 방법이다.

다만 국민연금 임의가입이 모든 사람에게 반드시 유리한 게 아니란 점은 알아둬야 한다. 예컨대 남편이 국민연금에 가입한 상태에서 전업주부가 국민연금 임의가입을 선택했다고 가정해 보자. 만일 부부가 모두 오래 살면서 둘 다 노령연금을 받는다면 국민연금의 혜택을 가장 많이 누릴 수 있다. 그런데 사람의 앞일은 알 수 없다. 언젠가는 부부 중 한쪽이 먼저 세상을 떠날 것이다. 그러면 혼자 남은 쪽은 유족연금을 받는다.

국민연금은 한 사람이 두 가지 이상의 연금을 동시에 받는 걸 금지한다. 소득이 없는 아내가 임의가입을 선택하지 않았다면 연금에 가입한 남편이 사망했을 때 유족연금이 나온다. 그런데 아내가 임의가입을 선택했다면 계산이 좀 달라진다. 아내가 이미 나이가 많아 본인의 몫으로 노령연금을 받는 경우를 생각해 보자. 그러면 본인 몫의 노령연금이나, 남편 몫의 유족연금이나 둘 중 하나를 선택해야 한다.

이때 유족연금을 선택하면 본인 몫의 노령연금은 완전히 포기하는 셈이 된다. 만일 본인 몫의 노령연금을 받겠다고 하면 계산이 좀 복잡하다. 국민연금공단이 유족연금을 70% 삭감한 뒤 나머지 30%만 지급하기 때문이다. 결국 본인 몫의 노령연금 100%와 유족연금의 30%를 합친 금액을 받는 셈이다.

그렇다고 처음부터 아예 임의가입을 하지 않는 게 유리하냐고 묻는다면 꼭 그런 것도 아니다. 국민연금은 장수 리스크를 대비하는 보험의 일종이다. 이런 보험의 속성상 모든 가입자가 동일한 혜택을 받는 게 아니다. 어떤 가입자는 납입한 보험료보다 훨씬 많은 혜택을 받지만, 어떤 가입자는 납입한 원금도 제대로 돌려받지 못할 수도 있다. 국민연금 임의가입을 선택한다면 이런 점을 충분히 이해할 필요가 있다.

앞서 국민연금법에 의한 가입 대상을 소개하면서 나이가 18세 이상 60세 미만이란 점을 언급했다. 대개 18세라면 대학 입시를 앞둔 고등학교 3학년에 해당하는 나이다. 고교생이나 대학생 중에는 아르바이트 등으로 소득이 있는 경우도 있고, 오로지 학업에만 전념하는 경우도 있을 것이다. 18세 이상이고 아르바이트 등으로 일주일에 15시간 이상 일하면 국민연금에 가입할 의무가 있다.

만일 학업에만 전념하거나 주 15시간 미만으로 일한다면 국민연금에 반드시 가입해야 하는 건 아니다. 이 경우 국민연금 임의가입을 고려할 만하다. 국민연금 가입 시점이 이르면 이를수록 가입 기간을 늘리는 데 유리하기 때문이다. 일단 첫 달치 보험료만 내고 소득 활동을 하지 않는다는 이유로 납부 유예를 신청할 수도 있다. 나중에 여유가 생겼을 때 추후 납부 제도를 통해 밀린 보험료를 납부해 가입 기간을 최대한 늘릴 수 있다.

국민연금에 보험료를 내지도 않았는데 낸 것으로 간주해 혜택을 주는 제도도 있다. 국민연금 크레딧이라고 한다. 사회적으로 가치 있는 행동을 했을 때 보상으로 제공하는 것이다. 국민연금 크레딧을 받으면 가입 기간이 늘어나는 만큼 노후에 받는 연금액도 증가한다.

국민연금 크레딧에는 세 종류가 있다. 첫째는 출산 크레딧이다. 2008년 이후 둘째 이상의 자녀를 얻으면 국민연금 가입 기간을 추가로 인정한다. 둘째 아이는 12개월, 셋째 아이부터는 한 명에 18개월이다. 최대 50개월까지 출산 크레딧으로 인정한다. 앞으로 정부의 출산 장려 정책이나 국회의 법 개정에 따라 출산 크레딧 기간은 늘어날 가능성이 있다. 꼭 법률상 부부가 낳은 아이만 대상이 되는 건 아니다. 양자나 입양아·혼외자 등도 포함한다.

둘째는 군 복무 크레딧이다. 2008년 이후 입대해 병역의 의무를 이행한 사람이 여기에 해당한다. 현역병은 물론 사회복무요원, 상근예비역 등도 군 복무 크레딧을 받을 수 있다. 군 복무 크레딧 기간은 6개월이지만 정부 정책 등으로 늘어날 가능성도 있다.

셋째는 실업 크레딧이다. 앞서 설명한 출산이나 군 복무 크레딧보다는 약간 복잡하다. 출산·군 복무 크레딧은 별도의 신청 없이 무상으로 주어지지만, 실업 크레딧은 약간의 보험료를 내야 한다. 그렇더라도 대개는 실업 크레딧을 받아 국민연금 가입 기간을 늘리는 게 유리하다. 실업 크레딧을 선택하면 보험료의 25%는 본인이 내고 나머지 75%는 국가가 부담한다. 최대 가입 기간은 12개월이다.

3 분할연금과 유족연금: 이혼이나 사별을 겪는다면

인생의 새 출발이라는 결혼식에서 신랑과 신부는 평생 함께하겠다는 사랑의 서약을 한다. 그런데 막상 결혼해서 살다 보면 현실적 어려움에 부딪히는 게 한둘이 아니다. 이런 부부 사이에 갈등이 전혀 없을 수는 없을 것이다. 이런 위기를 넘지 못하고 결국 이혼을 선택하는 부부도 적지 않다.

부부가 이혼으로 갈라지면 재산분할 청구권이란 게 발생한다. 이때 국민연금도 부동산이나 다른 재산과 마찬가지로 재산분할 대상에 포함된다. 이혼한 배우자의 국민연금을 나눠서 받는 것은 분할연금이라고 한다.

그런데 다른 재산을 나눌 때와 국민연금의 분할연금을 받을 때는 차이가 있다. 분할 대상인 재산이 부동산이나 자동차, 귀금속처럼 현시점에서 존재하는 것이라면 당사자 간 합의에 따라 나누면 될 것이다. 그런데 노후에 연금으로 받을 수 있는 권리인 국민연금 수급권은 눈에 보이지 않는다. 연금을 받으려면 국민연금법에서 정한 연령에 도달해야 한다. 그러니 다른 재산처럼 이혼하는 것과 동시에 국민연금 수급권을 갈라서 나눠 갖지는 못한다.

이혼 후 분할연금을 받으려면 세 가지 조건을 충족해야 한다. 첫째 조건은 혼인 기간이다. 배우자의 국민연금 가입 기간에 혼인 기간이 5년 이상이어야 한다. 혼인 기간은 혼인신고를 하고 같이 생활한 기간(법률혼)과 혼인신고 없이 같이 생활한 기간(사실혼)을 포함한다.

다만 예외는 있다. 별거나 가출 등으로 실질적인 혼인 관계가 존재하지 않았던 기간은 제외한다. 예컨대 결혼 4년 뒤 부부 관계가 악화해 1년의 별거를 거쳐 최종적으로 이혼한 경우를 가정해 보자. 이때 법적인 혼인 기간은 5년이지만 분할연금을 따질 때는 혼인 기간을 4년으로 본다.

한 사람이 일생에서 두 사람 이상의 배우자와 결혼했다가 이혼하는 경우도 생각할 수 있다. 각각의 혼인 기간이 5년 이상이라면 각각의 분할연금을 모두 받을 수 있다. 맞벌이 부부가 둘 다 국민연금에 가입한 경우도 생각할 수 있다. 이때는 둘 다 서로에게 분할연금 청구권이 있다.

둘째 조건은 본인의 나이다. 일단 본인이 국민연금 중 노령연금을 받을 나이가 돼야 한다. 30대나 40대에 이혼했다면 바로 분할연금이 나오는 게 아니라는 점을 알아야 한다. 2025년 기준으로 노령연금 대상자는 1962년 이전 출생자다. 국민연금법에 따라 노령연금을 받을 수 있는 나이는 출생연도에 따라 단계적으로 65세까지 늦춰질 예정이다.

셋째 조건은 이혼한 배우자의 나이다. 본인과 마찬가지로 이혼한 배우자도 노령연금을 받을 나이가 돼야 한다. 만일 이미 노령연금을 받는 배우자와 이혼했고 본인도 노령연금 대상 연령에 도달했다면 즉시 분할연금을 신청해서 받을 수 있다. 그렇지 않다면 두 사람 모두 노령연금을 받을 나이가 될 때까지 기다려야 한다.

흔히 황혼 이혼과 분할연금을 연결해 말하는 이유는 이런 나이 조건 때문이다. 물론 분할연금은 황혼 이혼에만 지급하는 것은 아니다. 젊은 시절에 이혼한 뒤 오랫동안 혼자 살아왔더라도 혼인 기간이 5년 이상이면 분할연금을 받을 권리가 있다. 하지만 권리가 있다는 것과 돈을 바로 받는다는 건 다른 뜻이다.

분할연금은 얼마나 받을 수 있을까? 원칙적으로 혼인 기간에 따라 계산한 뒤 절반씩 나눈다. 이혼한 배우자가 국민연금 가입 기간이 30년이고 혼인 기간이 20년이라고 가정해 보자. 그러면 30년 중 20년, 즉 배우자가 받을 노령연금 중 3분의 2가 분할대상이다. 만일 이혼한 배우자가 받는 노령연금이 월 150만원이라고 가정한다면 분할 대상이 되는 연금은 월 100만이 된다. 이 돈을 한쪽이 다 가져가는 것은 아니다. 각각 절반씩 나눠 갖는 게 원칙이다.

다만 이혼 당사자 간 합의나 법원의 판결에 따라 이 비율을 다르게 정할 수도 있다. 반드시 50대 50으로 하지 않아도 된다는 얘기다. 예컨대 이혼할 때 분할 비율을 60대 40으로 합의했다면 국민연금공단에 이렇게 나눠서 지급해 달라고 신청하면 된다.

나이 든 부부가 졸혼이나 휴혼을 선택하는 경우도 있다. 법률적으로는 혼인 관계지만 실질적으로는 혼인 관계를 끝내거나 중단하거나 쉬는 것이다. 통계로 잡히지 않아서 그렇지 현실에선 이런 부부가 적지 않을 것이다.

졸혼이나 휴혼은 어쨌든 법률적으로 혼인 관계를 유지하기 때문에 분할연금 대상은 아니다. 다만 졸혼이나 휴혼을 거쳐 최종적으로 이혼까지 생각한다면 유의할 필요가 있다. 분할연금의 혼인 기간을 계산할 때 졸혼이나 휴혼 기간만큼 제외하기 때문이다.

부부가 같이 살다가 한쪽이 먼저 세상을 떠나면 남은 배우자는 유족연금 대상이 된다. 금액은 사망한 배우자의 국민연금 가입 기간에 따라 기본연금액의 40~60%다. 그런데 유의할 점이 있다. 배우자와 사별 후 혼자 살 때는 유족연금을 주지만, 다른 사람을 만나 재혼하는 순간 유족연금을 박탈한다. 한 번 재혼하면 그것으로 끝이어서 나중에 다시 혼자가 되더라도 유족연금 수급권은 부활하지 않는다.

다시 정리하면 이혼 후 재혼하면 앞서 설명한 분할연금을 받을 수 있지만, 사별 후 재혼하면 한 푼도 없다. 불합리해 보이지만 현행 국민연금법이 그렇다. 그러다 보니 국민연금법은 재혼금지법이 아니냐는 비판이 나온다.

유족연금을 받으려면 세상을 떠난 국민연금 가입자와 유가족이 모두 일정한 조건을 충족해야 한다. 먼저 사망자의 조건에 대해 알아보자. 사망자가 이미 나이가 많아 노령연금을 받고 있었다면 다른 조건은 볼 필요가 없다. 바로 유족연금의 조건을 충족한다. 그렇지 않다면 국민연금 가입 기간을 따져봐야 한다.

일단 가입 기간이 10년 이상이라면 유족연금을 받는 데 문제는 없다. 만일 가입 기간이 10년 미만이라면 좀 복잡해진다. 사망일을 기준으로 최근 5년간 국민연금 보험료 납입 실적을 따져봐야 한다.

유족연금을 받으려면 국민연금공단이 인정하는 유가족이어야 한다. 민법에서 상속 자격을 규정한 유가족과는 개념이 다르다. 유족연금은 상속재산으로 보지 않기 때문이다. 유족연금의 1순위는 배우자다. 다만 앞서 설명한 대로 사별 후 재혼하면 유족연금 수급권이 박탈된다.

유족연금을 받을 배우자가 없으면 2순위인 자녀에게 유족연금 수급권이 넘어간다. 이때 자녀의 나이가 25세 미만이어야 한다. 예컨대 24세의 자녀가 있다면 1년간 유족연금을 받은 뒤 25세가 되는 순간 유족연금이 끊긴다. 같은 순위자가 여러 명이라면 원칙적으로 똑같이 나눠준다.

3순위는 60세 이상의 부모다. 1, 2순위 수급자가 없을 경우에 해당한다. 국민연금 가입자가 독신으로 살다가 사망했다면 여기에 해당할 가능성이 있다. 1, 2, 3순위자가 아무도 없다면 4순위인 손자·손녀에게 수급권이 넘어간다. 할아버지 또는 할머니가 손자·손녀를 보살피던 조손 가정이 여기에 해당한다. 이때 유족연금을 받을 손자·손녀에겐 부모가 없거나, 만일 부모가 살아 있다면 부양 능력이 없다는 점을 인정받아야 한다.

유족연금으로는 얼마를 받을 수 있는지도 알아보자. 원칙과 예외가 섞여 있어 다소 혼란스럽다. 먼저 원칙이다. 유족연금은 사망자가 받을 수 있었던 기본연금액의 40~60%를 준다. 이 비율은 사망자의 국민연금 가입 기간에 따라 달라진다. 가입 기간이 20년 이상이면 60%, 10~20년이면 50%, 10년 미만이면 40%를 적용한다.

부부가 모두 국민연금을 받고 있다가 한쪽이 먼저 세상을 떠나면 계산이 조금 복잡해진다. 이때 세상에 남은 배우자에겐 두 가지 선택이 있다. 첫째는 본인의 노령연금과 유족연금을 함께 받는 것이다. 그러면 유족연금의 100%가 아닌 30%만 지급한다. 둘째는 유족연금만 받는 것이다. 이때는 본인의 노령연금을 포기해야 한다. 결국 '본인의 노령연금+유족연금의 30%'와 '유족연금의 100%' 중 많은 쪽을 선택해야 한다.

앞서 연기연금에 관해서도 설명했다. 노령연금 지급 시기를 최장 5년간 늦추면 최대 36% 연금액이 늘어난다. 이렇게 연기연금을 받던 수급자가 사망하면 어떻게 될까. 이때는 연기연금으로 늘어난 부분을 빼고 계산한다는 점을 유의할 필요가 있다.

PART
5

노후자금 마련,
다른 대안도
찾아보자

1 퇴직연금과 개인연금: 연금 3층 구조를 만들자

우리나라 연금 제도는 '3층 구조'로 돼 있다. 다른 선진국도 대체로 비슷하다. 비유하자면 1층에선 밥만 주고 2층에선 기본 반찬, 3층에선 메인 요리까지 주는 셈이다. 1층의 밥에 해당하는 게 국민연금이다. 사람마다 차이는 있지만 최저 생계비에도 미치지 못할 경우가 많다. 2층의 기본 반찬에 해당하는 게 퇴직연금이다. 최소한 2층까지는 올라와야 그럭저럭 밥과 기본 반찬이 있는 식사를 할 수 있다. 그래도 원하는 것을 마음껏 골라 먹지는 못한다.

우리나라 취업 시장을 독특하게 만든 배경에는 정년퇴직과 퇴직금 제도가 있다. 한때 '사오정'(45세 정년)이니 '오륙도'(56세까지 일하면 도둑)니 하는 말이 유행했지만 어쨌든 법적 정년은 60세다.

고령자고용촉진법(고용상 연령차별금지 및 고령자고용촉진에 관한 법률) 19조를 보면 '① 사업주는 근로자의 정년을 60세 이상으로 정하여야 한다. ② 사업주가 제1항에도 불구하고 근로자의 정년을 60세 미만으로 정한 경우에는 정년을 60세로 정한 것으로 본다.'고 규정한다.

회사가 일단 정규직으로 채용했으면 특별한 이유가 없는 한 최소한 60세까지는 고용을 보장해야 한다는 뜻이다.

회사는 오랫동안 근무해 근속연수가 길어질수록 퇴직자에게 두둑한 목돈을 퇴직금으로 안겨준다. 그러면 퇴직자는 이 돈은 밑천으로 제2의 인생을 살아간다. 고령자의 복지를 사회가 아니라 해당 근로자를 고용했던 기업이 책임지는 방식이다. 과거 고도 성장기에는 이런 식의 복지 체계가 무리 없이 작동했다.

이제는 근본적으로 환경이 달라졌다. 첫째는 평균 수명의 연장이다. 운이 좋아 60세 정년퇴직까지 꿋꿋하게 버티고 회사를 나오더라도 평균 20년 이상을 더 살아가야 한다. 사람에 따라선 90세나 100세 무렵까지 살아가야 할 수도 있다. 둘째는 초저금리다. 퇴직 후 은행 이자로만 생활하는 건 사실상 불가능해졌다.

그러면 어떻게 해야 할까. 충분치는 않지만 퇴직연금이 대안이 될 수 있다. 퇴직금을 일시에 목돈으로 받는 게 아니라 연금으로 나눠서 받는 것이다. 이렇게 퇴직금을 나눠서 받으면 정부가 세금도 약간 깎아준다.

퇴지연금 가입자는 퇴직 후 일시금과 연금 중 하나를 선택할 수 있다. 퇴직 일시금은 기존의 퇴직금과 다를 게 없다. 아직도 일시금으로 받아가는 비율이 압도적으로 높긴 하다. 반면 연금으로 선택하는 비율은 여전히 미미하다.

왜 이런 일이 벌어질까? 퇴직자 입장에서 생각할 필요가 있다. 퇴직연금이 기존의 퇴직금보다 별로 매력적이지 않다. 정부가 정책적으로 잘못 설계한 측면이 있다. 정부의 취지는 퇴직 후 일시금이 아니라 연금으로 받는 걸 권장하는 것이다. 그래야 노후 생활비를 너무 일찍 다 써버리지 않고 나중을 위해 남겨둘 수 있다. 그런데 현실은 정반대다. 연금 수령에 대한 세금 혜택이 미흡하기 때문에 퇴직자들이 일시금을 선호하는 것으로 해석할 수 있다.

퇴직연금과 퇴직 일시금 중 나에겐 어느 게 좋을까? 가장 중요한 고려 사항은 세금이다. 은퇴자일수록 절세를 위한 세테크(세금+재테크)가 중요하다. 퇴직 일시금을 선택하면 바로 그 자리에서 퇴직 소득세를 내야 한다. 회사에선 세금을 원천징수하고 남은 돈을 퇴직자의 계좌에 넣어줄 것이다. 반면 연금을 선택하면 당장은 세금을 떼어가지 않는다. 그렇다고 세금이 없는 건 아니다. 퇴직자가 연금으로 찾아갈 때마다 원래 내야 할 퇴직 소득세에서 30%를 깎아준다. 30%라는 숫자만 보면 대단해 보이지만 원금이 아니라 세금의 30%이기 때문에 사람에 따라선 큰 차이가 아닐 수도 있다.

퇴직금 세테크의 팁은 최초 시작 단계에선 무조건 퇴직연금 계좌에 넣는 게 유리하다는 것이다. 퇴직 후 목돈을 일시금으로 받아 어딘가에 쓸 계획을 갖고 있더라도 일단은 연금으로 선택하기를 권하고 싶다. 다만 퇴직 다음 날 바로 돈을 써야 할 정도로 급박한 사정이 있는 경우는 제외한다. 그렇지 않고 단기간이라도 돈을 묵혀 둘 수 있다면 퇴직연금을 선택하는 게 조금이라도 세금을 아끼는 방법이다.

일반적으로 세금 혜택을 주는 금융상품이라면 만기 전에 계좌를 해지하면 불이익이 있다. 이미 받은 세금 혜택이 있다면 돌려줘야 하는 게 상식이다. 금융상품에 따라선 중도 해지에 따른 불이익이 원래 세금 혜택보다 클 수도 있다. 그런데 퇴직연금은 전혀 그렇지 않다. 처음에 연금을 선택했다가 나중에 일시금으로 찾아가도 아무런 불이익이 없다. 퇴직연금이 다른 세금 혜택 금융상품과 크게 다른 점이다.

앞서 언급한 식당의 비유에서 3층의 메인 요리에 해당하는 건 개인연금이다. 이렇게 3층까지 올라오면 비로소 여유가 좀 생긴다. 그런데 개인 주머니 사정과 취향에 따라 선택할 수 있는 메인 요리는 천차만별이다. 비싼 요리를 먹고 싶다면 당연히 비싼 대가를 치러야 한다.

식당에서 한식·중식·일식·양식 중에 메뉴를 고르듯 개인연금도 어느 금융권에 돈을 맡길지 골라야 한다. 연말정산에서 세금 혜택을 받는 개인연금 상품에는 연금저축과 개인형 퇴직연금(IRP)가 있다. 연금저축은 다시 세 가지로 나뉜다. 은행의 연금저축신탁, 증권사의 연금저축펀드, 보험사의 연금저축보험이다.

셋 중 가장 안정적인 것은 은행의 연금저축신탁이다. 상품의 수익률은 낮은 편이지만 은행이 망하지 않는 한 원금을 까먹을 가능성은 거의 없다. 골치 아프게 금융상품의 투자 위험을 따지 싶지 않은 사람에겐 가장 무난한 선택이라고 할 수 있다. 예컨대 식당에 가서 복잡한 메뉴판을 보는 대신 '아무거나'를 외치는 사람에겐 가장 적합한 상품이다. 다만 2018년 이후 판매가 중단돼 더 이상 신규 가입은 안 된다. 2018년 이전에 가입했다면 가입자가 원하는 만큼 추가로 돈을 넣을 수 있다.

증권사의 연금저축펀드는 철저하게 실적 배당형 투자 상품이다. 같은 금액이라도 어디에 투자하는 펀드에 돈을 맡기느냐, 증시의 상황이 어떻게 움직이느냐에 따라 수익률이 크게 좌우된다. 따라서 가입자가 재테크에 대한 공부를 많이 하고 적극적으로 계좌를 관리해야 한다. 막연히 '금융회사가 알아서 잘해 주겠지'라고 생각하는 사람에겐 맞지 않는 상품이다. 투자 대상인 펀드의 종류는 다양하다. 안정적인 투자를 원한다면 채권형, 적극적인 투자를 원한다면 주식형, 이도 저도 아니라면 양쪽의 장단점을 섞은 혼합형 펀드를 선택할 수 있다.

세 번째는 보험사의 연금저축보험이다. 많은 사람이 일반 연금보험과 연금저축보험을 헷갈려 한다. 이름만 봐선 구분하기 어렵다. 일반 연금보험은 연말정산과 관계없는 저축성 금융상품이라고 생각하면 된다. 가입 기간이 10년 이상이면 이자 소득에 대해 세금을 면제해 주지만 원금에는 아무런 혜택이 없다.

반면 연금저축보험은 연말정산에서 세액 공제를 받기 위해 가입하는 금융상품이다. 이자가 아닌 원금의 일정 비율을 연말정산에서 돌려받을 수 있다. 둘 중 하나를 선택하라면 원금에도 세금 혜택이 있는 연금저축보험이 대부분 유리하다.

연금저축보험에 가입한다면 보험사가 떼어 가는 사업비에 유의해야 한다. 금융 상식이 많지 않은 사람들은 보험사 사업비에 대해 잘 이해하지 못하는 경우가 많다. 은행의 경우 고객이 100만원을 맡긴다면 원금에 이자를 더한 금액을 만기에 돌려준다. 하지만 보험사는 전혀 다르다. 원금에서 사업비를 뺀 금액이 고객의 몫이다. 이때 사업비에는 보험 설계사 수당 등이 포함된다.

　따라서 가입 초기에 보험 계약을 해지하면 원금도 제대로 돌려받지 못한다. 가입 후 일정한 기간이 지나야 이자가 불어나 원금을 회복할 수 있다. 이후에도 가입 기간이 충분히 길어야 원금보다 많은 돈을 돌려받는다. 그런데 보험사들은 영업 비밀 등을 내세워 사업비가 얼마인지 정확하게 고객에 알려주지 않는다. 고객이 정신을 바짝 차리지 않으면 손해를 볼 수도 있는 이유다.

2 '알쏭달쏭' 퇴직연금 용어: DB형과 DC형, IRP와 디폴트 옵션

퇴직연금에는 알쏭달쏭 어려운 용어가 많이 나온다. 이름만 봐선 뭐가 뭔지 제대로 알기 어렵다. 그래도 할 수 없다. 내 돈을 내가 지키기 위해선 어려운 용어부터 익숙해져야 한다. 최소한 이 네가지는 꼭 알아둬야 한다. DB형과 DC형, IRP와 디폴트옵션이다.

우선 확정급여(DB)형 퇴직연금이다. 근로자가 퇴직할 때 받아가는 퇴직급여가 확정돼 있다는 뜻에서 붙은 이름이다. 이름은 생소하지만 어렵게 생각할 필요는 없다. DB형은 근로자 입장에서 사실상 법정 퇴직금 제도와 별 차이가 없다. 투자의 결과에 대한 책임은 회사에 돌아간다. 근로자는 퇴직연금 기금의 수익률이 높거나 낮거나 신경 쓰지 않아도 된다. 근로자가 퇴직 후 받아가는 돈에는 아무런 영향이 없기 때문이다.

DB형의 반대쪽에는 확정기여(DC)형 퇴직연금이 있다. 근로자가 퇴직할 때 받아가는 금액이 얼마인지 확정되지 않은 상품이다. 그렇다면 뭐가 '확정'이란 말인가? 매년 회사가 근로자에게 주는 기여금(퇴직연금 적립금)이 확정됐다는 뜻이다.

쉽게 말하면 1년마다 퇴직금 중간정산을 하는 셈이다. 여기서 이 돈을 근로자가 바로 찾아쓸 수는 없다. 다만 이 돈을 어디에 투자해서 어떻게 불려나가느냐는 근로자의 몫이다. 투자의 결과에 대한 책임은 근로자에게 돌아간다. 근로자가 퇴직할 때 최종적으로 얼마를 받아가느냐는 근로자의 선택에 달렸다.

DB형과 DC형에는 둘 다 '확정'이란 단어가 붙어서 가입자를 헷갈리게 한다. 어쨌든 DB형과 DC형 중에선 어느 것이 더 유리할까? 그건 정답이 없다. 개인의 성향에 달렸다. 평소 회사 일도 바쁘고 여러 가지 신경 쓸 게 많다는 근로자에겐 DB형이 적합할 것이다. 퇴직연금의 수익률이 얼마나 되는지 일일이 신경 쓰지 않아도 되기 때문이다.

반면 금융상품에 대한 이해도가 높고 투자 수익률을 높이는 데 자신이 있다면 DC형이 적합할 것이다. 다만 DC형은 투자 상품을 잘못 고르거나 주식시장 상황이 나쁠 경우에는 원금까지 까먹을 수 있는 투자 위험은 반드시 이해해야 한다.

처음에 DB형을 선택했다가 끝까지 DB형을 유지해야 하는 건 아니다. 회사에 따라 다르긴 하지만 DB형을 고른 근로자가 원하면 DC형으로 바꿀 기회를 주는 경우가 많다. 이때는 퇴직금 중간정산을 하듯 회사가 그때까지 쌓인 돈을 계산해 근로자의 퇴직연금 계좌에 넣어준다.

이렇게 DC형으로 바꾸는 순간부터 투자의 결과에 대한 책임은 근로자에게 돌아간다. 그렇다면 DC형에서 DB형으로 전환할 수도 있지 않을까? 그건 안 된다. 한 번 DB형에서 DC형으로 바꾸면 되돌릴 수 없다.

만일 DB형을 선택한 근로자의 경우 언젠가 퇴직할 때까지 자신의 연봉이 매년 꾸준히 오르기만 한다면 별로 고민할 필요가 없다. DB형을 그대로 유지하면 된다. 그런데 50대 이상이면서 퇴직을 앞둔 근로자라면 여러 가지 변수 생길 수 있다. 특정 연령 이후 연봉을 삭감하는 임금피크제에 들어가거나, 회사에서 맡은 직책이 바뀌거나 해서 예전보다 연봉이 줄어들 가능성도 있다. 이렇게 되면 법정 퇴직금 계산에서도 불리해 진다.

이런 사람들은 DB형에서 DC형 전환을 고려할 만하다. 법정 퇴직금을 계산할 때 가장 유리한 시점을 골라 퇴직금 중간정산을 하는 셈이다. 그러면 중간정산에서 받은 돈을 DC형 계좌에 넣어 두고 근로자 본인의 책임으로 굴리면 된다. 투자 위험을 너무 두려워 할 필요는 없다. 정 자신이 없으면 DC형에서 선택할 수 있는 원금보장형 상품에 돈을 맡겨 두고 퇴직할 때 찾아가도 된다. DC형이라고 무조건 고위험 고수익 상품에 투자해야만 하는 건 아니다.

통상 금융상품의 안정성과 수익률은 반비례 관계에 있다. 만일 나이가 많아 퇴직이 임박했다면 고위험 고수익 상품보다는 기대 수익률은 낮더라도 안전한 상품을 우선적으로 고려하는 게 좋다. 반면 비교적 젊은 30대가 DC형 퇴직연금을 선택했다면 투자 위험을 다소 감수하더라도 적극적인 투자로 고수익을 노려볼 수 있을 것이다.

개인형 퇴직연금, 영어로 IRP라고 부르는 상품도 있다. 이름만 봐선 뭐하는 계좌인지, 알쏭달쏭하다. IRP에는 하나의 계좌에 성격이 다른 둘 이상의 자금이 섞일 수 있다는 점에서 투자자를 더욱 헷갈리게 한다.

기본적으로 IRP는 세금 혜택을 받기 위해 가입하는 계좌다. 그런데 세금 혜택을 어떻게 받느냐가 상당히 복잡하다. IRP 계좌에 어떤 성격의 돈을 넣느냐에 따라 세금 혜택도 달라지기 때문이다. 예컨대 100만원을 IRP 계좌에 넣는다고 생각해 보자. 이 돈이 퇴직금 성격으로 받은 돈인지, 연말정산에서 세액 공제를 위해 넣는 돈인지, 퇴직금이나 연말정산과 관계없이 순수한 여윳돈인지에 따라 전혀 다르게 구분한다.

IRP는 은행·증권·보험사에서 가입할 수 있다. 전 금융권을 통틀어 하나의 계좌만 만들 수 있는 건 아니다. 금융회사별로 하나씩 만들 수 있다. 그러니 둘 이상의 IRP 계좌를 보유한 사람도 흔하다.

IRP에 퇴직금 성격의 돈을 넣는다면 세 가지를 생각해 볼 수 있다. 첫째는 55세 이후 퇴직자다. 이런 사람이 퇴직금을 받으면 일시금으로 받아갈 수도 있고 연금으로 받아갈 수도 있다. 퇴직자가 연금으로 나눠 받으면 원래 내야할 세금에서 30%를 깎아준다. 그러기 위해선 퇴직금으로 받은 돈을 일단 연금계좌에 넣어둬야 한다. 이때 IRP를 연금계좌로 활용할 수 있다.

둘째는 55세 이전 퇴직자다. 예전에는 나이에 상관없이 직장을 그만두면 바로 퇴직금을 줬다. 이제는 55세 이전 퇴직자에겐 원칙적으로 바로 퇴직금을 주지 않는다. 그러면 이 돈은 어떻게 할까? 퇴직자 본인 이름으로 된 IRP 계좌에 퇴직금을 넣어준다.

셋째는 10인 미만 소규모 사업장 근로자다. 이 경우 사업주가 근로자의 동의를 얻어 IRP 계좌를 설정하고 이 계좌로 퇴직금을 넣어줄 수 있다.

이번엔 IRP에 연말정산 혜택을 받기 위한 돈을 넣는 경우를 생각해 보자. 세액 공제를 받기 위한 입금 한도는 연간 900만원이다. IRP에 연간 900만원보다 많은 돈을 넣어도 되지만, 그런 경우 900만원을 초과하는 금액은 세액 공제를 받을 수 없다. 다만 세액 공제 한도는 연금저축 계좌에 넣은 돈과 합쳐서 계산한다는 점을 기억하자.

퇴직연금에는 '디폴트옵션'이란 것도 있다. 여기서 디폴트는 기본 설정값, 옵션은 선택이란 뜻이다. 가입자가 특별히 이렇게 돈을 굴려 달라고 지시하지 않으면 금융회사가 마련한 기본 설정값에 따라 자금을 투자한다는 뜻이다.

법률적으로 사전지정 운용제도라고 한다. 근로자퇴직급여 보장법 제2조에선 '사전지정 운용제도란 가입자가 적립금의 운용방법을 스스로 선정하지 아니한 경우 사전에 지정한 운용방법으로 적립금을 운용하는 제도를 말한다.'고 규정한다.

이 제도를 도입하기 전에는 많은 사람들이 퇴직연금 계좌에 돈을 넣어둔 상태로 아무 것도 하지 않고 방치하는 경우가 적지 않았다. 이런 점은 퇴직연금 수익률이 저조한 이유로 꼽혔다. 디폴트옵션은 가입자의 명확한 지시가 없더라도 사전에 지정한 방식으로 퇴직연금을 투자해 수익률 향상을 목표로 한다.

물론 디폴트옵션이 모든 문제를 해결하는 만능열쇠는 아니다. 수익률 향상을 추구한다는 건 다른 한편으로 손실 발생 위험이 커진다는 뜻이기도 하다. 세상에 공짜는 없는 법이다. 디폴트옵션으로 투자한 자산에서 손실이 발생하면 그 책임은 금융회사가 아니라 가입자에게 돌아간다는 점을 명심해야 한다.

| 3 | 주택연금: 무늬는 연금인데 사실은 대출 상품 |

분명히 연금이란 용어가 붙어 있는데, 엄밀한 의미에선 연금이 아니다. 용어에서부터 사람들을 혼란스럽게 하는 '연금 아닌 연금'이 있다. 바로 한국주택금융공사가 취급하는 주택연금이다. 일반적인 연금과 주택연금을 같다고 생각하면 안 된다. 사실 주택연금은 대출 상품이기 때문이다. 주택연금은 금융회사에서 집을 담보로 돈을 빌린다는 점에서 주택담보대출의 일종이다. 다만 고객이 돈을 받아가는 방식이 일반적인 주택담보대출과는 차이가 있다.

주택연금에 가입하면 고객이 세상을 떠날 때까지(종신형의 경우) 매달 일정액을 연금으로 준다. 물론 이 돈은 공짜가 아니다. 당장은 돈을 받아서 기본이 좋겠지만 언젠가는 갚아야 하는 돈이다. 그때가 언제일까? 주택연금에 가입한 고객 부부가 모두 세상을 떠날 때다. 그러면 담보로 제공한 집을 팔아서 돈을 갚아야 한다. 그동안 고객이 받아간 원금은 당연하고 이자와 각종 수수료도 계산해야 한다. 이렇게 하고도 남는 돈이 있으면 자녀 등 상속권자에게 돌려준다.

만일 주택연금 가입자가 세상을 떠난 뒤 집을 팔았더니 갚아야 할 돈이 집값보다 더 많으면 어떻게 될까? 자녀 등 상속권자는 한 푼도 받아가지 못한다. 그렇다고 추가로 돈을 더 내라고 하지도 않는다. 가입자 입장에선 이익, 금융회사 입장에선 손해를 보는 셈이다.

그런데 금융회사가 손해보는 장사를 하려고 할까? 그런 경우는 매우 드물다. 금융회사도 땅 파서 장사하는 건 아니다. 소수의 고객에게는 손해를 보더라도 다수의 고객에게선 이익을 보도록 설계하는 당연하다. 주택연금 가입자가 100세 가까이 장수하지 않는다면 웬만해선 금융회사가 손해를 보지 않도록 설계했다.

주택연금은 금융상품이란 점에도 주목할 필요가 있다. 주택금융공사라는 공공기관에서 취급하는 상품이지만, 국민연금 같은 공적 연금은 아니다. 젊을 때 모아 둔 저축금을 노후에 연금으로 돌려받는 사적 연금과도 성격이 전혀 다르다.

보통 주택담보대출은 한꺼번에 목돈을 빌린 뒤 원금과 이자를 조금씩 나눠 갚는다. 영어로는 모기지론(Mortgage Loan)이라고 한다. 주택연금은 모기지론의 정반대다. 매달 조금씩 돈을 빌려간 뒤 마지막 순간에 원금과 이자를 합쳐 목돈을 갚는다. 영어로는 '리버스 모기지론(Reverse Mortgage Loan)이라고 하고 '역(逆)모기지론'이라고도 부른다.

예컨대 5억원짜리 집을 가진 노부부가 있다고 생각해 보자. 그리고 이들이 원하는 건 매달 일정한 생활비를 받으면서 이 집에서 오래 사는 것이라고 가정하자. 다른 수입이 없다면 주택담보대출을 받을 수밖에 없을 것이다. 일반 주택담보대출이라면 그냥 은행에 가서 신청하면 된다. 그러면 목돈을 빌려서 이 돈을 은행 계좌에 넣어두고 조금씩 꺼내 써야 할 것이다. 그렇게 하지 않고 매달 일정액을 편하게 빌릴 수 있게 고안한 금융상품이 주택연금이다.

일반적으로 주택담보대출로 받은 돈을 만기가 되기 전에 갚으면 대출 원금의 일정액을 수수료로 내야 한다. 중도상환 수수료다. 대출 고객 입장에선 아까운 생각이 들지만 금융회사 입장에서도 사정이 있다. 금융회사도 나름대로 대출 만기에 맞춰서 자금을 조달했는데 고객이 중도에 갚으면 미리 계획했던 일정에 차질이 생긴다. 금융회사도 어디서 공짜로 돈을 가져오는 게 아니다. 은행이라면 채권(은행채)을 발행하는 경우가 많은데, 이 채권은 만기가 정해져 있다.

주택연금도 중도에 돈을 갚으면 불이익이 있다는 점을 기억해야 한다. 주택연금에 가입할 때는 보증료라는 돈을 내야 한다. 보통은 주택 가격의 1.5%다. 만일 집값이 5억원이라면 750만원을 보증료로 내야 한다. 그런데 주택연금을 중도에 해지하면 이런 보증료는 돌려주지 않는다.

주택연금에 가입할 때 금융회사가 근저당권을 설정한 비용도 있다. 주택연금을 중도 해지하면 이런 비용도 고스란히 가입자의 부담으로 돌아간다. 만일 주택연금에 가입한지 얼마 되지 않은 고객이 중도에 해지한다면 '배 보다 배꼽'이 더 클 수도 있다.

그렇다고 이 책에서 주택연금에 가입하지 말라고 권하는 것은 아니다. 주택연금에 가입한다면 상품의 장단점을 잘 따져보고 선택하라는 얘기다. 가입자가 잘 알고 선택한다면 주택연금의 장점도 많다.

주택연금에서 가장 큰 장점이라고 하면 리스크 방어 효과를 꼽을 수 있다. 일종의 보험에 가입한 것과 비슷하다. 예컨대 가진 게 집 한 채밖에 없는 노인을 생각해 보자. 이 사람이 세상을 떠나기 전에 아래와 같은 위험이 현실로 닥친다면 상당한 곤란에 처할 수 있다.

첫째는 집값 하락 리스크다. 집값 상승기에는 집값이 떨어질 수도 있다는 경고가 별로 실감이 안 날 것이다. 그렇다고 위험이 없는 건 아니다. 향후 집값 전망에 대해선 여러 가지 의견이 나온다. 일본식 거품 붕괴와 장기침체를 주장하는 사람들도 있고, 정반대로 집값의 꾸준한 상승세를 주장하는 사람들도 있다.

집값 상승론과 하락론 중에서 어느 쪽이 맞을 것이라고 확실히 장담하긴 어렵다. 어쨌든 무방비로 위험에 노출돼 있는 건 바람직하지 않다. 언젠가 집값이 하락하는 순간이 닥칠 가능성도 완전히 배제할 수는 없다.

둘째는 장수 리스크다. 오래 사는 건 반드시 축복이 아닐 수도 있다. 문제는 얼마나 경제적으로 준비가 돼 있느냐는 것이다. 나이가 들면 반드시 생활비만 필요한 건 아니다. 각종 노인성 질환에 시달리면서 의료비 지출이 늘어나는 부분까지 고려해야 한다.

주택연금은 이런 두 가지 리스크를 어느 정도 방어하는 수단이 될 수 있다. 일단 주택연금에 가입하면 나중에 집값이 크게 떨어지더라도 매달 가입자가 받아가는 돈은 줄어들지 않는다. 그만큼 집값 하락에 대한 걱정 없이 매달 일정액의 생활비를 안정적으로 확보할 수 있다. 또 주택연금에 가입할 때 종신형을 선택하면 가입자 부부가 모두 세상을 떠날 때까지 매달 일정액이 나온다. 가입자가 평균 수명보다 오래 살더라도 주택연금의 월 지급액은 달라지지 않는다.

주택연금은 공공기관인 주택금융공사가 법률(주택금융공사법)으로 지급을 보장한다는 것도 큰 장점이다. 민간 금융회사라면 혹시라도 발생할 수 있는 파산이나 부실화 위험을 걱정하지 않아도 된다. 대출액을 계산할 때 주택담보인정비율(LTV) 같은 각종 규제를 따질 필요가 없는 부분도 장점이다. 매달 대출금이 쌓이고 쌓여 집값의 100%를 초과하더라도 일단 주택연금에 가입했다면 주택금융공사가 계속 지급을 보장한다.

빛이 있으면 그림자도 있는 법이다. 당연한 얘기지만 주택연금에는 단점도 있다. 첫째는 주택연금에 가입 후 집값이 올랐을 때다. 주택연금은 가입 시점의 집값을 기준으로 평생에 걸쳐 돈을 지급한다. 이후 집값이 아무리 많이 올라도 가입자에게 월 지급액을 올려주지 않는다.

만일 집값이 오른 만큼 월 지급액을 더 받고 싶다면 중도 해지하고 다시 가입해야 한다. 이때 주택금융공사는 즉시 재가입을 받아주진 않는다. 같은 집을 담보로는 3년이 지나야 재가입이 가능하다. 고객 입장에선 그동안 집값이 떨어질 위험도 생각해야 한다. 각종 수수료나 보증료 등에서도 불이익이 적지 않다.

둘째는 물가 상승과 화폐 가치 하락에 무방비 상태라는 점이다. 올해의 100만원이 내년의 100만원과 같지 않다. 물가가 오르는 만큼 화폐 가치는 떨어진다는 게 경제학의 상식이다. 그래서 국민연금 같은 공적 연금은 매년 물가 상승률을 반영해 연금액을 올려주도록 설계돼 있다. 그런데 주택연금은 그렇지 않다. 고객 입장에선 물가가 오르는 만큼 주택연금 월 지급액의 실질 가치가 떨어지는 셈이다.

셋째는 살던 집에서 이사할 때다. 주택연금에 가입한 고객이 남은 평생 같은 집에서 산다면 별 문제가 없다. 그런데 여러 가지 사정상 다른 집으로 이사를 결정할 수도 있을 것이다. 이때는 주택금융공사와 복잡한 정산 과정을 거쳐야 한다. 이렇게 일반 주택담보대출과는 다른 주택연금의 속성을 제대로 이해하고 가입 여부를 선택하는 게 좋을 것이다.

기초연금: 정치적 타협의 산물

분명히 국가에서 지급하는 공적 연금인데, 공짜로 주어지는 연금도 있다. 젊을 때 미리 연금 보험료를 내지 않아도 일정한 자격 요건이 되면 국가에서 돈을 준다는 얘기다. 바로 기초연금이다. 이 돈을 받으려면 일단 나이가 65세 이상이어야 한다. 그렇다고 65세가 되면 모두에게 기초연금을 주는 건 아니다. 소득 수준을 따져서 하위 70% 이하여야 한다. 즉 소득 상위 30%는 기초연금을 받지 못한다는 뜻이다.

사실 기초연금은 연금이라고 부르기보다는 노인복지수당이라고 부르는 편이 더 정확한 표현일 것이다. 법적인 용어는 연금이지만, 일반적으로 생각하는 연금과는 많이 달라서다. 기초연금은 가입자가 젊을 때 모아 둔 돈을 노후에 돌려받는 방식이 아니다. 연금 재원 마련에 아무런 기여를 하지 않았어도 국가에서 돈을 내준다.

기초연금을 받는 사람에겐 솔깃한 얘기지만, 사회 전체적으로 볼 때는 그렇지도 않다. 기초연금의 재원은 100% 세금이다. 그러니 기초연금 액수가 늘어날수록, 대상자가 많아질수록 젊은 세대의 부담도 자동적으로 커지는 구조다.

일본도 한국의 기초연금과 비슷한 제도를 운영하고 있지만 근본적인 차이가 있다. 일본의 기초연금은 공짜가 아니기 때문이다. 일단 용어부터 정리할 필요가 있다. 한국의 기초연금에 해당하는 것을 일본에선 국민연금이라고 부른다. 한국의 국민연금에 해당하는 것은 일본에선 후생연금이라고 한다.

일본의 국민연금, 즉 기초연금은 가입자가 현역 시절에 일정한 보험료를 내야 한다. 그 후 가입자가 은퇴하면 연금을 지급하는 방식이다. 물론 가입자가 너무 일찍 사망하지 않는다면 현역 시절에 낸 돈보다 더 많은 돈을 연금으로 돌려받는 구조다. 그렇더라도 제도 도입부터 공짜로 기초연금을 지급한 한국과 비교하면 재정 안정성이란 측면에서 일본이 유리할 수밖에 없다.

기초연금의 출발은 2007년 노무현 정부 때였다. 당시 여당인 열린우리당은 국민연금 개혁을 강력히 추진했다. 반면에 보수 성향의 야당인 한나라당은 국민연금 개혁보다는 기초노령연금의 도입에 우선순위를 뒀다. 이렇게 양쪽이 협상에 협상을 거듭하다가 정치적 타협의 산물로 나온 게 기초노령연금이었다. 이후에 기초노령연금이란 명칭을 기초연금으로 바꿨다.

기초연금은 2012년 대통령 선거에서도 이슈가 됐다. 당시 선거의 쟁점은 경제 민주화와 서민 복지 확대였다. 박근혜 후보는 65세 이상 고령자 전원에게 기초연금을 지급하겠다는 공약을 내걸고 당선됐다.

그런데 대통령이 되고 나서 막상 기초연금을 주려고 하니 재원 마련 대책이 문제가 됐다.

만일 국가에 돈이 충분히 많다면야 얼마든지 노인들에게 돈을 나눠 줘도 좋을 것이다. 하지만 국가의 재원은 한정돼 있다. 더구나 10년 뒤, 20년 뒤가 더 문제였다. 앞으로 노인 인구 급증은 피할 수 없는 미래인데, 이들에게 기초연금을 후하게 지급하면 재정 적자가 감당하기 어려울 정도로 불어날 게 뻔했다.

그러다보니 기초연금의 지급 대상이 65세 이상 전체가 아니라 소득 하위 70%로 축소됐다. 각종 감액 제도도 도입했다. 이런 저런 이유를 붙여 기초연금의 일정액을 깎는다는 의미다.

기초연금을 받으려면 어떻게 해야 할까? 우선 기초연금은 신청주의라는 점을 이해해야 한다. 기초연금을 받을 자격이 충분한 사람도 신청을 하지 않으면 받을 수 없다. 기초연금 신청은 거주지 읍·면·동 주민센터에 하면 된다. 가급적 만 65세 생일이 속한 달의 전달에 신청하는 게 좋다. 그 전에는 신청서를 받아주지 않는다.

뒤늦게 신청하면 기초연금 수급 자격이 되더라도 이미 지나간 부분을 소급해 주지 않는다. 기초연금을 신청하면 수급 자격이 있는지 없는지 정부에서 심사해서 알려준다. 밑져야 본전이니까 일단 신청해서 나쁠 건 없을 것이다.

기초연금에서 가장 중요한 심사 기준은 소득이다. 정부는 매년 기준 금액을 정해서 발표한다. 2025년 기준으로 보건복지부가 발표한 기초연금 선정기준액은 단독 가구 월 228만원, 부부 가구 월 364만8000원이다. 가구별 월 소득인정액이 이렇게 발표한 금액 이하라면 기초연금을 받을 수 있다. 2025년 선정기준액은 2024년과 비교해 15만원(단독 가구 기준) 높아졌다. 보건복지부는 65세 이상 노인의 근로소득과 공적연금 소득이 상승했기 때문이라고 설명했다.

기초연금 수급자는 2014년 435만명에서 2025년 약 736만명으로 증가할 것으로 보건복지부는 전망했다. 관련 예산은 2014년 6조9000억원에서 2025년 26조1000억원으로 늘어난다.

65세 이상이면서 정부가 정한 금액보다 소득이 적으면 누구나 기초연금을 받을 수 있을까? 그렇지 않다. 여기서 소득은 한 달에 얼마를 버느냐만 보는 게 아니다. 심지어 월수입이 한 푼도 없는 노인이라도 기초연금 심사에서 탈락할 수 있다.

분명히 소득은 아닌데 정부가 소득으로 간주하는 금액이 있기 때문이다. 비싼 부동산을 보유했거나, 예금이나 주식 등 금융자산이 많은 경우다. 특히 기초연금 소득인정액을 따질 때 사치품으로 분류하는 자산에 유의해야 한다. 콘도·골프·승마 등 고급 회원권과 4000만원 이상의 고급 자동차다. 이런 게 있으면 기초연금을 신청했더라도 탈락할 가능성이 크다.

이렇게 기초연금 소득인정액을 계산할 때는 소득뿐 아니라 재산도 포함된다. 다만 대출이나 빚이 있으면 그만큼 재산에서 빼고 계산한다. 주택연금은 어떨까? 앞에서 주택연금은 엄밀한 의미의 연금이 아니라 대출 상품이라고 설명했다. 따라서 주택연금도 다른 대출과 마찬가지로 기초연금 소득인정액을 따질 때 재산에서 빼고 계산한다. 기초연금을 신청했다가 탈락한 사람이라도 재산이나 소득에 변동이 있다면 다시 신청할 수 있다는 점도 기억할 필요가 있다.

월 소득인정액이 정부가 정한 기준보다 적더라도 기초연금을 못 받는 경우가 있다. 공무원·사학·군인연금 등 직역연금 수급자가 대표적이다. 남편이나 아내가 이런 직역에 속해 공적 연금을 받으면 배우자도 기초연금 대상에서 제외된다.

〈함께 생각해 봅시다-연금〉

다음은 필자가 중앙일보 논설위원으로 근무하면서 작성한 기명 칼럼 가운데 연금과 관련한 칼럼 11편을 모은 것이다. 앞서 의료 분야 칼럼을 소개한 것과 마찬가지로 이 책을 읽는 독자와 같이 생각해 볼 부분도 적지 않은 것 같아 이번 기회에 소개한다. 독자의 이해를 돕기 위해 날자 표기법을 바꾼 것 외에는 기존에 신문에 실었던 내용과 같다.

1. 연금고갈의 시계가 빨라진다

초고령사회 진입까지 앞으로 3년

복지 비용 급증, 세대 갈등 심화

'발등의 불' 연금 개혁 서둘러야

이제 3년밖에 남지 않았다. 한국이 초고령사회로 진입하는 2025년 까지 남은 시간이다. 인구 변화의 '시계'가 돌아가는 속도는 점점 빨라진다. 새 정부가 인구 문제에 어떻게 대처하느냐에 한국 사회의 미래가 달려 있다. 이번이 마지막 기회라고 해도 지나친 말이 아닐 것이다. 무분별한 돈 풀기 공약으로 시간과 자원을 허비할 때가 아니란 얘기다.

통계청에 따르면 3년 뒤에는 전체 인구의 20% 이상을 65세 이상 고령자가 차지한다. 이때쯤 청년 인구(19~34세)가 고령 인구보다 적어지는 인구구조의 '데드 크로스'도 발생한다. 2022년 3월 대선에서 선출될 새 대통령이 5년 임기의 후반기를 맞이하는 시점이다.

세계 최저 수준으로 떨어진 출산율은 올라갈 기미가 보이지 않는다. 이미 2020년을 기점으로 사망자가 출생아보다 많아지는 인구 감소가 시작했다. 이런 상황에서 매년 50만 명가량이 추가로 65세 이상 고령 인구에 편입한다. "현재 우리나라 저출산·고령화 속도와 강도는 사회·경제 시스템의 존립 가능성을 위협할 정도로 심각한 수준"(서형수 저출산고령사회위원회 부위원장)이란 말은 전혀 과장이 아니다.

초고령사회 진입이 초래할 문제는 한둘이 아니다. 특히 경제 활동을 하는 현역 세대의 부담이 급속히 커진다. 1000만 명 넘는 고령자를 위한 각종 복지 비용을 부담하는 건 이들의 몫이기 때문이다. 그런데 막상 이들이 은퇴할 때가 되면 기가 막힌 상황이 발생한다. 이들에게 노후 생활비를 보태줘야 할 국민연금의 고갈이 예고돼서다.

얼마 전(2022년 2월 기준) 1990년생부터는 국민연금을 한 푼도 받지 못할 수 있다는 경고(한국경제연구원)가 화제가 됐다. 이들이 65세가 되는 2055년에는 국민연금 기금이 완전히 고갈된다는 2년 전 국회 예산정책처의 전망을 토대로 분석했다. 1990년 이전 출생자라고 안심할 상황도 아니다. 국회 예산정책처는 국민연금 기금이 흑자에서 적자로 돌아서는 시점을 2039년으로 내다봤다. 현재 40대에서 50대 초반에 속하는 1970년대생들도 은퇴 후 국민연금을 제대로 받지 못할 수 있다는 얘기다.

사실 이런 시나리오는 비관적이라기보다 오히려 낙관적이라고 할 수 있다. 국회 예산정책처는 2019년 통계청 인구추계 자료를 기초로 분석했다. 그런데 출산율의 하락 속도는 당초 예상보다 더 빨라졌다. 통계청은 2021년 12월 새로운 인구추계를 내놨다. 여성 한 명이 평생 낳을 것으로 기대하는 출생아 수(합계출산율)는 조만간 0.6명대까지 떨어질 수 있다고 내다봤다. 이렇게 기본 전제가 어긋났으니 그 결과도 신뢰할 수 없게 됐다. 법에 따라 2023년에는 국민연금의 재정 계산을 새로 해야 한다. 좋지 않은 결과가 나올 게 뻔하다. 만일 국민연금을 이대로 방치한다면 적자 전환과 완전 고갈의 시점은 훨씬 앞당겨질 것이다.

인구학자들이 중요하게 보는 지표 중에는 중위연령(중간나이)이란 게 있다. 전체 인구를 나이순으로 세웠을 때 한가운데 있는 나이다. 통계청에 따르면 2022년 한국 사회의 중위연령은 45세다. 출생연도로는 1977년생이다. 1980년대 중위연령이 20대였던 것과 비교하면 격세지감이 느껴진다. 세계에서 가장 빠른 속도의 고령화가 초래한 인구구조 변화 때문이다.

중위연령은 한 사회의 인구구조에서 무게중심에 해당한다. 그만큼 사회적으로 중요한 역할을 요구받는다. 하지만 혜택은 별로 기대할 수 없다. 현재 40대는 하늘 높이 치솟은 집값과 전셋값, 제자리를 맴도는 월급봉투를 보면 한숨이 나온다. 자녀 교육을 마치려면 아직 한참 멀었는데 노후 준비는 막막하기만 하다. 예전의 40대가 누렸던 사회적 안정감은 까마득한 전설이 됐다.

40대마저 불안해하는 상황에서 세대 갈등은 갈수록 심해질 것이다. 초고령사회 진입으로 내수시장은 정체하고 연금재정은 악화한다. 고령자에 대한 사회적 비용은 기하급수적으로 증가한다. 청년 세대가 가만히 앉아서 모든 부담을 떠안기만 할 리가 없다. 일부에선 정년 연장을 얘기하지만 취업난으로 고민하는 청년 세대의 반발이 만만치 않을 것이다. 이런 상황에서 정부는 막대한 빚으로 대응하고 있다. 이 빚은 청년 세대의 미래를 담보로 잡혀서 얻어낸 것이다.

그런데 세대 갈등을 조정하고 대안을 마련하려는 정치적 리더십은 보이지 않는다. '발등의 불'로 떨어진 연금개혁마저 외면하는 상황이다. 어려운 숙제라고 미루면 미룰수록 나중에 더 심각한 문제로 닥칠 것이다. 현 정부(문재인 정부)는 연금개혁에 대해 최악의 무책임한 모습을 보였다. 새 정부가 출범하면 반드시 이 문제를 풀어야 한다. 이제 남은 시간이 별로 없다.

-중앙일보 2022년 2월 4일

2. 더 내고 덜 받는 연금개혁, 마지막 기회다

선거 없는 약 2년 개혁 골든타임

24년째 동결한 보험료율 올리고

물가 연동한 조절장치 검토해야

윤석열 정부가 임기를 시작하면서 '판도라의 상자'를 열어젖혔다. 2022년 5월 16일 윤 대통령이 국회 시정연설에서 선언한 연금개혁이다. 전임 정부가 무책임하게 미뤄둔 숙제를 새 정부가 떠맡은 셈이다. 이번이 마지막 기회다. 윤 대통령으로선 개혁의 과정에서 터져 나올 저항과 반발이 부담스럽겠지만 반드시 뚫고 가야만 하는 길이다. 새 정부의 연금개혁이 '희망의 상자'가 되느냐, 그렇지 않으냐에 한국 사회의 미래가 달렸다고 해도 지나친 말이 아니다.

마침 연금개혁의 타이밍은 괜찮은 편이다. 2022년 6월 1일 지방선거가 끝나면 2024년 4월 국회의원 총선까지는 2년 가까이 전국 단위의 선거가 없다. 당장 눈앞의 표에 연연하지 않고 소신을 갖고 개혁 과제를 추진할 수 있는 적기다. 지난 대선 TV토론에서 주요 정당 후보들이 예외 없이 연금개혁의 당위성에 동의한 것도 개혁의 동력으로 작용할 수 있겠다.

연금개혁의 큰 방향은 명확하다. 더 내고 덜 받는 방식의 구조 개편이다. 이 과정에서 다양한 이해 관계자들의 양보와 타협이 필수다. 연금개혁으로 다소 손해를 보더라도 대승적인 차원에서 받아들이는 자세가 필요하다. 어느 쪽이든 조금도 손해 보지 않겠다고 고집을 부린다면 사회 전체의 미래가 위태로워질 수 있다.

먼저 더 내는 부분부터 얘기해 보자. 무엇보다 '보험료율 9%의 벽'을 반드시 깨야 한다. 현재 국민연금 가입자는 소득의 9%를 연금 보험료로 내고 있다. 직장 가입자라면 회사가 절반(4.5%), 근로자가 절반(4.5%)을 나눠서 부담한다. 원래 국민연금은 도입 후 5년마다 보험료율을 인상하도록 설계했다. 그런데 1998년 보험료율을 9%로 올린 이후 올해로 24년이나 동결한 상태다.

보험료율 9%는 넘어서는 절대 안 되는 마지노선이 아니다. 연금 보험료율을 10% 이상인 두 자릿수로 하지 않으려는, 그래서 연금 가입자의 반발을 피하려는 정부와 정치권의 무책임에 불과하다. 한꺼번에 큰 폭으로 보험료율을 올리기 어렵다면 일정한 간격을 두고 단계적인 인상이라도 추진했어야 했다. 많이 늦었지만 이제라도 보험료율의 합리적인 인상안에 사회적 합의를 끌어내야 한다.

다음으로 덜 받는 부분이다. 보험료율 인상보다 훨씬 어려운 사안이다. 이미 연금을 받고 있거나 조만간 받아갈 기성세대가 미래를 생각하는 마음으로 기득권을 일부 양보해야 한다. 우리보다 앞서 연금 고갈의 문제를 겪은 일본의 사례를 살펴보자. 일본은 2004년 '매크로 경제 슬라이드'라고 부르는 자동조절장치를 도입해 운영하고 있다. 용어는 낯설지만 자세히 들여다보면 일리가 있는 개념이다. 연금 수급자의 통장에 찍히는 금액(명목 지급액)은 줄지 않게 하면서 실질적인 연금 지급액을 깎는 구조다.

어떻게 이런 일이 가능할까. 예컨대 지난해 월 100만원을 받았고 물가 상승률은 3%라고 가정하자. 그러면 올해는 월 103만원을 받아야 실질적인 돈 가치가 같아진다. 이때 102만원을 받는다면 어떨까. 물가 상승률을 고려한 실질 돈 가치는 낮아진다. 하지만 연금 수급자의 입장에서 명목 지급액은 줄지 않고 다소 올라간다. 이런 식으로 연금 수급자의 불만을 덜면서 장기적으로 연금 재정의 안정을 추구할 수 있다. 적게 내고 많이 받는 연금의 기형적인 설계를 원래보다 조금 덜 받는 방식으로 조정하는 것이다.

사실 정치인 입장에서 연금개혁은 유권자의 표를 얻는 데 별로 도움이 되지 않는다. 상식적으로 연금 지급액을 깎는 데 좋아할 사람은 아무도 없다. 그렇다고 개혁의 혜택을 볼 미래 세대가 광범위한 지지를 보내는 것도 아니다. 이 중에는 어려서 투표권이 없거나 아직 세상에 태어나지도 않은 이들도 많다. 이런 미래 세대가 개혁의 효과를 피부로 느끼는 건 먼 나중의 일이다.

그래도 연금개혁을 서둘러야 하는 이유는 차고 넘친다. 연금 보험료를 내는 젊은 세대는 갈수록 줄어들고 보험금을 받아갈 노인 세대는 빠르게 늘어난다. 한국의 인구 고령화 속도는 세계 최고 수준이다. 국회 예산정책처가 2020년 7월 펴낸 보고서를 보자. 국민연금 지출이 수입보다 많아져 적자로 돌아서는 시점은 2039년, 국민연금이 한 푼도 남지 않고 고갈되는 시점은 2055년으로 전망했다. 통계청의 인구추계를 기초로 각종 변수를 종합해 계산한 결과다. 그런데 현실은 2년 전 계산보다도 비관적이다. 출산율은 더 낮아지고 고령 인구 증가 속도는 더 빨라졌다. '냄비 속 개구리'처럼 당장 절실히 피부로 느끼지 못한다고 개혁을 회피하면 연금 재정의 파탄은 시간문제다.

-중앙일보 2022년 5월 20일

3. 개혁 의지 실종된 국민연금

2022년 기금 평가손실 약 80조

민간자문위 합의안 마련 실패

예고된 재앙 반드시 막아내야

국민의 노후자금이 1년 만에 약 80조원이나 쪼그라들었다. 국민연금 기금운용본부가 최근(2023년 3월 기준) 발표한 2022년 국민연금 기금의 평가손실이다. 연간 수익률은 마이너스 8.22%를 기록했다. 1999년 기금운용본부 출범 이후 최악의 성적표다.

기금운용본부의 입장은 뜻밖이다. 한마디로 '우리가 잘못한 게 아니다'라는 얘기다. 기금운용본부는 보도자료에서 "2022년은 주식과 채권 시장이 동시에 하락한 이례적인 해"라고 설명했다. 그러면서 "해외 연기금들의 운용 수익률도 글로벌 증시 급락 등의 영향으로 하락했다. 주요 연기금 중 국민연금의 성과는 상대적으로 양호하다"고 덧붙였다.

비유하면 이런 식이다. 어떤 학생이 초라한 성적표를 받아왔다. 그는 성적이 떨어진 이유를 이렇게 변명한다. "국어와 수학이 동시에 어려웠던 시험은 이례적이다. 점수가 떨어진 건 시험이 너무 어려웠기 때문이지 공부를 안 했기 때문이 아니다."

이런 변명이 전혀 터무니없는 건 아니다. 그렇다고 곧이곧대로 받아들이면 너무 순진하다. 실제로 2022년 글로벌 금융시장의 상황은 좋지 않았다. 국민연금으로선 투자 수익을 내는 데 불리한 여건이었다. 다만 유리한 요소도 없지 않았다. '킹달러'라는 말이 나올 정도로 달러 가치가 급등한 점이다. 국민연금 수익률은 원화로 계산한다. 정확한 금액은 알 수 없지만 국민연금은 2022년 해외 투자에서 상당한 환차익을 냈을 것이다.

개인의 노후자금이 이렇게 '펑크'를 냈다면 그 집은 난리가 났을 게 뻔하다. 그런데 우리 사회의 반응은 생각보다 차분하다. 국민연금 가입자 중에는 수십 년 뒤에나 연금을 받을 수 있는 청년 세대도 적지 않다. 이들에겐 당장의 연금 수익률이 피부에 와 닿지 않을 수도 있다.

그렇더라도 연금 수익률 악화는 여간 심각한 문제가 아니다. 연금 고갈 시기를 더욱 앞당기는 요인이기 때문이다. 2023년 1월 발표한 재정추계에 따르면 2055년이 되면 국민연금 기금은 완전히 바닥난다. 1990년생이 국민연금을 받을 65세가 되면 연금 기금이 한 푼도 남지 않는다.

2018년 추계와 비교하면 고갈 시기가 2년 빨라졌다. 이대로 가면 도저히 피할 수 없는 '예고된 재앙'이다. 그나마 매년 꾸준한 수익률을 낸다는 기본 전제가 깨지면 재정추계도 원점에서 다시 해야 한다.

이런 상황에서 정치 편향 논란이 있는 검찰 출신 한석훈 변호사가 기금운용위원회 상근 전문위원을 맡은 건 좋지 않은 신호다. 한 변호사는 자신의 책(『박근혜 대통령 탄핵과 재판 공정했는가』)에서 박근혜 전 대통령을 옹호하면서 헌법재판소의 탄핵 결정과 대법원의 유죄 판결은 부당했다고 주장했다. 개인으로는 얼마든지 자유롭게 의견을 말할 수 있겠지만 공직자로선 전혀 다른 차원의 문제다.

한 변호사는 국민연금 의결권에 대해서도 법원 판례와 다른 견해를 갖고 있다. 2019년 발표한 '연기금의 주주 의결권 행사와 배임죄'라는 제목의 논문이다.

그는 논문에서 국민연금 의결권 행사의 '독립성 원칙'을 부정했다. 그러면서 "원래 기금의 관리·운용 책임을 맡은 보건복지부가 정당한 지시나 지도를 한다면 공단(국민연금공단)은 따라야 할 의무가 있다"고 주장했다. 이런 인물이 국민연금 의결권 행사에 중대한 영향을 미치는 전문위원을 맡는 게 적절한지는 의문이다.

여야 정치권은 입으로는 연금 개혁을 말하지만 실제로는 '총대'를 매고 개혁을 추진할 의지가 없어 보인다. 국회는 2022년 10월 연금개혁 특별위원회를 구성했다. 연금특위는 민간자문위원회에 연금 개혁안을 만들어 달라고 요청했다. 지금까지 논의 진행을 보면 실망스럽다. 국회 연금특위는 2023년 1월 3일 이후 두 달 넘게 회의 한 번 열지 않고 있다. 민간자문위에선 전문가 의견이 엇갈리면서 합의안 마련에 실패했다. 이러다간 특정한 방향성 없이 여러 의견을 취합한 수준의 '맹탕 보고서'가 될 것이란 우려의 목소리가 나온다.

이제는 남은 시간이 정말 없다. 2007년 노무현 정부에서 국민연금을 부분적으로 개혁한 지 벌써 16년이 지났다. 당시 연금 개혁을 추진했던 유시민 전 복지부 장관은 "개혁을 하루 늦추면 늦추는 만큼 나중에 사고가 터질 때 폭발력이 커진다. 우리 딸·아들·손자·손녀들의 삶은 쓰나미와 같은 충격에 휩쓸릴 것"이라고 말했다. 정치적 입장이나 진영을 떠나 백번 맞는 말이다. 부디 이번만큼은 정부와 정치권이 정치적 이해득실을 내려놓고 미래 시대에 대한 책임감으로 개혁에 나서주길 바란다.

-중앙일보 2023년 3월 10일

4. 청년 세대는 '봉'이 아니다

'더 내고 더 늦게 받는' 연금개혁

기성세대만 혜택, 청년에겐 불리

'실질 연금액 삭감' 일본 참고를

'우리 세대는 한 푼도 손해 보지 않겠다. 모든 부담은 다음 세대에 떠넘긴다.' 2023년 9월 1일 국민연금 재정계산위원회가 발표한 연금개혁안을 보고 이런 생각을 지울 수 없었다. 전문가 위원회가 제시한 연금개혁 시나리오는 겉보기엔 그럴듯했다. 개혁안의 골자는 '더 내고 더 늦게 받기'였다. 다만 결정적인 약점이 눈에 들어왔다. 극심한 세대 간 불평등이다. 이대로 가면 청년 세대는 이미 은퇴했거나 은퇴를 앞둔 세대에 비해 지극히 불리한 조건을 감수할 수밖에 없다.

차분하게 따져보자. 우선 연금 보험료율 인상이다. 전문가 위원회는 해마다 0.6%포인트씩 올리는 방안을 제시했다. 현재는 9%인데 단계적으로 12~18%까지 올리자는 제안이다. 인상 개시 시점은 2025년이다. 1965년 출생자가 60세 환갑을 맞는 해다.

원칙적으로 국민연금은 60세까지만 보험료를 납부한다. 연금개혁안이 국회를 통과하더라도 1964년 이전 출생자는 보험료율 인상의 부담이 전혀 없다. 이들은 현역 시절 소득의 9%를 연금 보험료로 내고 남은 평생 연금 지급을 보장받는다.

특히 1차 베이비붐 세대(1955~1963년생, 약 700만 명)에겐 수지맞는 계산법이다. 현역 시절엔 적게 내고 은퇴 이후엔 상대적으로 많이 받는 국민연금의 혜택을 온전히 누릴 수 있다. 왠지 불안했던 연금 고갈 가능성도 이번 기회에 떨쳐버릴 수 있다.

청년 세대 입장에선 완전히 계산이 달라진다. 누군가 혜택을 본다면 다른 누군가는 그 비용을 치러야 한다. 한때 '밀레니엄 베이비'로 불렸던 2000년 출생자를 생각해보자. 이들이 25세가 되는 2025년부터 국민연금 보험료율이 단계적으로 오른다. 전문가 위원회가 제시한 시나리오에는 세 가지가 있다. 그중 중간 시나리오는 2034년까지 꾸준히 올려 최종적으로 보험료율이 15%가 되게 하는 것이다.

2000년생을 기준으로 보면 30대 중반부터 60세까지 약 25년간 소득의 15%를 연금 보험료로 내야 한다. 그 이후에 태어난 세대는 최고 보험료율을 부담하는 기간이 더 길어진다. 미래의 어느 시점에 연금 재정이 다시 불안해진다면 보험료율이 더 올라갈 가능성도 있다. 직장 가입자라면 근로자와 사업주가 절반씩 나눠 내긴 한다. 어쨌든 건강보험 등 다른 사회보험과 세금까지 포함하면 소득의 상당 부분을 국가가 거둬가는 걸 피하기 어렵다.

현재 국민연금에는 태생적으로 안고 있는 모순이 있다. 먼저 가입한 세대는 비교적 많은 혜택을 받고 나중에 가입한 세대는 큰 부담을 떠안는 점이다. 이런 식의 세대 간 불평등을 그대로 방치하거나 오히려 심화시키는 건 바람직한 방향이 아니다.

그렇다고 연금 보험료율을 올리지 말자는 얘기는 아니다. 만일 연금 보험료율을 동결한다면 최악의 선택이다. 당장 여론의 반발은 피하겠지만 궁극적으로 연금 고갈이란 '파국'을 피할 수 없다. 이런 식의 파국은 어느 세대에게도 좋을 게 없다. 그나마 현 단계에서 최선은 세대 간에 조금씩이라도 부담을 나눠 갖는 것이다. 그런데 이번 연금개혁안에는 세대 간 형평성에 대한 고려가 보이지 않는다.

연금 수급 연령을 늦추는 것도 간단한 문제가 아니다. 현행 국민연금법에 따르면 1969년 이후 출생자는 65세가 돼야 노령연금을 받을 수 있다. 이미 법적 정년(60세)과 비교하면 5년의 괴리가 있다. 전문가 위원회는 단계적으로 68세까지 늦추는 방안을 제시했다. 구체적으로는 1973년생부터 연금 수급 연령이 늦춰진다. 특히 1981년 이후 출생자는 68세까지 기다려야 노령연금을 받을 자격이 생긴다.

이렇게 연금 수급 연령을 늦추면 법적 정년도 함께 연장해야 한다는 요구를 피하기 어렵다. 기성세대가 회사에 오래 남아 있을수록 청년 세대로선 왠지 손해 본다는 마음을 가질 수 있다. 자칫 일자리를 둘러싼 세대 갈등이 첨예하게 불거질 수도 있다. 이래저래 청년 세대의 피해 의식이 커질 수 있다는 점이 걱정스럽다.

기성세대는 한 푼도 손해 보지 않겠다는 태도를 버려야 한다. 우리보다 앞서 비슷한 문제를 겪었던 일본의 사례를 참고할 만하다. 고이즈미 준이치로 총리 시절인 2004년 도입한 '연금 자동조절장치'다. 연금 수급자의 통장에 찍히는 명목 금액은 줄이지 않으면서 물가나 임금 상승률을 고려한 실질 연금액을 조금씩 깎아나가는 방식이다. 일본에선 '매크로 경제 슬라이드'라고 부른다. 일본식이 꼭 정답이라고 할 순 없지만 기성세대도 일정 부분 성의를 보여야 하는 건 분명하다. 청년 세대도 납득할 수 있는 연금 개혁안이 필요하다.

-중앙일보 2023년 9월 14일

5. 노인 인구 1000만 시대, 준비는 돼 있나

2024년 8월 고령자 1000만 돌파

'고갈 예정' 연금개혁 시급한데

무책임한 정치권 시간만 낭비

    대한민국의 미래는 '노인의 나라'다. 물론 노인밖에 없는 나라를 말하는 건 아니다. 그렇다고 마음을 놓을 만한 여유는 없다. 저출산·고령화로 노인 인구 비중이 커지는 건 틀림없는 사실이다. 그것도 세계에서 유례가 없을 정도로 빠른 속도다. 특히 다가오는 2024년은 인구학적으로 중대한 고비를 맞는다. 노인 인구 1000만 시대가 열린다. 단군 이래 한 번도 경험해 보지 못한 나라가 현실로 닥쳐온다.

    2024년은 베이비붐 세대의 중간에 속한 1959년생이 65세가 되는 해다. 통계청이 2023년 12월 중순 발표한 자료를 살펴보자. 앞으로 50년간 우리나라 인구구조 변화를 예상한 보고서('장래인구추계: 2022~2072년')다. 통계청은 2024년 7월 1일 기준으로 65세 이상 노인 인구를 994만 명으로 전망했다. 이런 추세라면 2024년 8월께 노인 인구가 1000만 명을 넘어서는 건 기정사실이다. 이미 예상했던 일이지만 사회적 의미는 절대 작지 않다.

더구나 2025년에는 전체 인구에서 노인 비중이 20%를 넘는 초고령사회에 진입한다. 인구 다섯 명 중 한 명꼴로 65세 이상 노인이란 뜻이다. 인구 고령화는 농촌 지역만의 문제가 아니다. 서울과 6대 광역시도 심각한 상황이다. 2035년이면 세종시를 제외한 전국 16개 시·도가 초고령사회가 된다. 특히 부산과 대구에선 노인 인구가 전체 인구의 세 명 중 한 명꼴로 많아진다.

이와 동시에 일할 나이의 인구는 빠르게 줄고 있다. 국내 생산연령인구(15~64세)는 이미 2019년을 고비로 감소세로 돌아섰다. 벌써 4년 전의 일이다. 통계청은 2030년 생산연령인구를 3417만 명으로 전망했다. 올해(3657만 명)와 비교하면 7년 만에 240만 명이 줄어든다. 가장 큰 원인은 베이비붐 세대의 은퇴. 임영일 통계청 인구동향과장은 "베이비붐 세대(1955~1963년생)가 고령층으로 이동하는 2020년대에는 생산연령인구가 연평균 32만 명, 2030년대에는 연평균 50만 명이 감소할 전망"이라고 설명했다.

노인 복지에 필요한 돈은 급격하게 증가할 텐데 그 돈을 부담할 사람은 빠르게 줄어든다. 조만간 우리 사회가 마주할 수밖에 없는 위기의 본질이다. 이대로 가다간 젊은 세대의 복지 비용 부담이 감당할 수 없을 정도로 불어난다. 복지 제도의 구조조정이 시급하다.

무엇보다 절실한 과제는 연금개혁이다. 국민연금 기금은 2041년에 적자로 돌아선다. 이때를 고비로 연금 재정은 급속히 악화한다. 현역 세대가 내는 연금 보험료보다 은퇴 세대가 받아가는 연금급여가 더 많아진다. 이대로 2055년까지 가면 연금 기금은 한 푼도 남지 않고 바닥난다. 1990년생이 65세가 되는 해다.

연금 기금이 고갈하면 국민 세금으로 '구멍'을 메워야 한다. 그 세금은 누가 낼 것인가. 2055년 이후에도 일하는 사람들의 몫이다. 그런데 생산연령인구는 지금보다 더 쪼그라든다. 통계청은 2055년 생산연령인구를 2280만 명으로 추산했다. 2023년보다 1380만 명가량 줄어든 규모다.

정부가 세금을 더 걷는 대신 적자 국채를 대량으로 찍는 방법도 있다. 솔깃한 유혹이지만 이렇게 하면 재정적자가 눈덩이처럼 불어난다. 일본이 이런 선택을 했다가 장기 침체의 덫에 빠져 버렸다. 일본의 국내총생산(GDP) 대비 국가부채 비율은 세계 최고 수준이다. 한국은 일본보다 상황이 더 안 좋을 것이다. 국제 금융시장에서 한국 원화의 신인도는 일본 엔화보다 훨씬 낮다. 외환보유액으로 봐도 일본은 세계 2위, 한국은 9위다.

정부는 겉으로 연금개혁을 하겠다고 큰소리쳤지만 결국 알맹이가 쏙 빠진 '맹탕' 개혁안을 내놨다. 2023년 10월 말 정부가 국무회의에서 의결한 국민연금 종합운영계획이다. 가장 중요한 연금 보험료율의 구체적 인상안이 빠졌다. 홍익표 더불어민주당 원내대표는 "알맹이 없는 내용을 짜깁기한 수준의 발표로 무책임과 무능함을 고백했다"고

지적했다. 정치적 입장을 떠나 하나도 틀린 말이 아니다.

무책임하긴 정치권도 마찬가지다. 국회 연금개혁특별위원회는 정기국회 기간에 단 두 차례 회의를 여는 데 그쳤다. 주호영 연금특위 위원장은 "어느 정도 틀이 잡힌 안건을 주고 의견을 물어야지 백지상태로 공론화위원회를 운영하기는 대단히 어렵다"고 말했다. 맹탕 개혁안으로 국회에 공을 넘긴 정부에 다시 공을 넘기는 듯한 발언이었다. 이렇게 핑퐁식으로 서로 공을 주고받기에는 남은 시간이 너무 촉박하다. 이제라도 정부와 국회는 정치적 계산을 내려놓고 국가의 미래를 위한 연금개혁에 총력을 기울여야 한다.

-중앙일보 2023년 12월 29일

6. "국민연금 신·구 분리" KDI 처방 검토해볼 만

2055년 완전 고갈은 예고된 재앙

기존연금은 세금으로 지원하되

새 연금은 낸 만큼 받아가게끔

여기 마을 공동으로 운영하는 식당이 있다고 가정해 보자. 이 식당에선 65세 이상 노인에게 밥을 나눠준다. 물론 공짜는 아니다. 젊을 때 적어도 10년간 밥값을 쌓아둔 사람만 밥 먹을 자격이 있다. 65세 이상이라고 다 같은 밥을 주는 것도 아니다. 젊을 때 낸 밥값에 따라 손님을 차별한다. 밥값을 많이 낸 사람은 푸짐하게, 적게 낸 사람은 조금만 밥을 떠준다.

그런데 이 식당은 근본적 결함을 안고 있다. 손님이 낸 밥값보다 비싼 음식을 제공한다는 점이다. 밥을 많이 팔수록 이윤은커녕 손해를 본다. 겉으로 보이지 않는 잠재 부실이 엄청나다. 이런 식이면 언젠가 식당이 망할 수밖에 없다. 마을 젊은이들은 걱정이 앞선다. 밥 한번 먹어보지 못하고 밥값으로 쌓아둔 돈만 날릴지 몰라서다.

현재 우리나라 국민연금 제도를 식당에 비유하면 이렇게 요약할 수 있다. 당장은 멀쩡하게 굴러가는 것처럼 보이지만 앞으로가 문제다. 현재대로 가면 국민연금 기금은 2055년에 완전히 바닥난다. 2023년 정부가 발표한 국민연금 재정 추계 결과다. 1990년생이 노령연금을 받을 65세가 되면 연금 기금이 한 푼도 남지 않는다는 얘기다.

정부나 국회나 정치적 부담이 큰 연금개혁에 무책임한 태도를 보이는 건 마찬가지다. 얼마 전 국회 연금개혁특별위원회 산하 공론화위원회가 두 가지 대안을 냈지만, 내용은 실망스럽다. 하나는 더 내고 더 받기, 다른 하나는 더 내고 그대로 받기다. 둘 다 연금 고갈의 시기를 잠시 늦추는 '땜질 처방'일 뿐 근본적 해결책은 아니다. 손님이 낸 밥값보다 비싼 음식을 제공한다는 문제의 핵심은 여전하다. 오히려 미래 세대의 부담을 더욱 키우는 '독소 조항'까지 들어갔다.

대안은 없을까. 국책 연구기관인 한국개발연구원(KDI)의 제안에 눈길이 간다. 현재 단일 체계인 국민연금을 둘로 나누는 게 제안의 핵심이다. 식당으로 치면 기존 식당과 새 식당의 둘로 쪼개지는 얘기다. 기존 식당은 어쩔 수 없더라도 새 식당은 운영 체계를 완전히 뜯어고치기 위해서다. 지금까지 연금개혁 논의의 틀을 뛰어넘는 신선한 발상이다.

좀 더 세부적으로 살펴보자. 기존 식당(기존 연금)에선 이미 손님에게 약속한 대로 밥을 준다. 이렇게 하면 막대한 적자를 피할 수 없다.

2024년을 기준으로 계산하면 609조원이다. 시간을 끌수록 적자는 눈덩이처럼 커진다. 이 돈은 전액 국가 재정으로 메운다. 약속을 지키면서도 식당이 망하지 않으려면 이 방법뿐이다.

새 식당(새 연금)에선 손님이 밥값을 낸 만큼만 밥을 준다. 100만원을 낸 사람이라면 원금 100만원에 수익금을 더한 만큼만 돌려받는 식이다. 전문용어로 하면 기대 수익비가 1이 되게 하자는 것이다. 신승룡 KDI 부연구위원은 "국민연금 기금 수익률이 높으면 더 많이 받을 수 있기 때문에 기대 수익비 1도 그렇게 나쁜 숫자는 아니다"라고 말했다.

얼핏 그럴듯하지만 쉬운 길이 아니다. 앞으로 넘어야 할 고비가 많다. 우선 세대 간 불평등이다. 같은 밥값을 냈더라도 손님이 속한 세대에 따라 식당의 밥이 달라진다. 먼저 태어난 세대는 좋은 밥을 먹겠지만, 나중에 태어난 세대는 그렇지 않다. 출생연도가 늦다는 이유만으로 불이익을 감수하는 건 공평하지 않다. 그렇다고 뾰족한 대안도 보이지 않는다.

600조원 넘는 잠재 부실을 메우는 데 들어갈 돈을 어떻게 감당하느냐도 문제다. 최근 저성장 흐름을 고려하면 세금을 대폭 올리긴 어렵다. 대규모 적자 국채 발행이 불가피하다. 결국 미래 세대에게 막대한 빚을 떠넘기는 셈이다.

세대 내 불평등도 고민해 봐야 한다. 현재 국민연금에는 소득재분배 기능이 있다. 밥값을 많이 낸 사람의 몫을 일부 덜어내 적게 낸 사람에게 나눠준다. 그런데 새 식당이 밥값만큼만 밥을 준다면 소득재분배가 어렵다. 같은 세대 안에서도 고소득층과 저소득층의 격차가 더욱 커질 수 있다. 사회보험인 국민연금과 민간 저축상품이 뭐가 다르냐는 말이 나올 것이다.

어쨌든 연금 재정의 안정은 KDI 제안의 최대 장점이다. 일정한 한계는 있지만 그냥 무시할 수 없는 이유다. 기존에 밥값을 낸 사람들은 약속받은 밥을 먹는다. 국가가 한 약속은 반드시 지킨다는 신뢰를 줄 수 있다. 새로 밥값을 내는 사람들은 그 돈을 못 받을까 걱정하지 않아도 된다. 이강구 KDI 연구위원은 "젊은 세대의 동의를 받으려면 적어도 낸 만큼은 돌려받을 수 있다는 걸 보여줘야 한다"고 설명했다. 꼭 이대로 하자는 건 아니지만 사실상 겉돌고 있는 연금개혁 논의에 전향적 발상이 필요한 건 분명하다.

-중앙일보 2024년 3월 14일

7. 청년을 위한 국민연금은 없다?

공론화위 다수안, 개혁 아닌 개악

17년 전 연금개혁 노무현도 배신

미래 세대의 등골 빼먹기 멈춰야

'노인을 위한 나라는 없다'란 제목의 미국 영화가 있다. 같은 제목의 소설을 영화로 만들어 미국 아카데미 시상식(2008년)에서 작품상 등 4관왕에 올랐다. 2024년 대한민국에선 이렇게 바꾸고 싶다. '청년을 위한 국민연금은 없다'는 말이다. 2024년 4월 22일 국회 연금개혁특위 공론화위원회의 발표를 보면서 든 생각이다. 이날 시민대표단의 다수 안으로 발표한 내용에선 청년 세대에 대한 배려가 눈곱만큼도 보이지 않아서다.

특히 태어난 지 얼마 안 됐거나 아직 태어나지도 않은 미래 세대에는 핵폭탄급 충격이라고 할 수 있다. 천하람 국회의원 당선인(개혁신당)이 "미래 세대 등골을 부러뜨리는 '세대 이기주의 개악'"이라고 비판한 것도 무리가 아니다. 22대 국회에서 흔치 않은 30대 당선인인 그는 "미래 세대에 더 큰 폭탄과 절망을 안겨야 하느냐. 이러다가 미래 세대 자체가 없어질지 모른다"라고 토로했다.

공론화위원회의 다수안이 왜 문제인가. 청년 세대의 부담을 조금이라도 덜어주기는커녕 오히려 무거운 짐을 떠넘기는 독소 조항을 품고 있기 때문이다. 가장 큰 문제는 국민연금의 소득대체율을 현재 40%에서 50%로 인상하는 내용이다. 듣기 좋은 말로 '더 내고 더 받기'라고 했지만 겉포장에 속으면 안 된다.

시간을 거슬러 올라가 보자. 도대체 소득대체율 40%는 언제 어떻게 정해진 것일까. 원래 이 비율은 70%였다. 김대중 정부 시절인 1998년 12월 이 비율을 60%로 낮췄다. 당시 국회에서 여야 합의로 법안을 통과시켰다. 외환위기의 충격이 역설적으로 연금개혁의 원동력이 됐다.

그래도 연금 재정의 구조적 적자는 심각했다. 이번엔 노무현 전 대통령이 나섰다. 노무현 정부 시절인 2007년 7월 국회를 통과한 국민연금법 개정안이 그 결과물이다. 여기엔 소득대체율을 단계적으로 40%까지 낮춘다는 내용을 담았다. 물론 노 전 대통령 혼자 다 했다고 할 순 없다. 그래도 노 전 대통령의 개혁 의지와 추진력이 아니었다면 절대 쉽지 않은 일이었다.

당시 보건복지부 장관을 맡았던 유시민 작가는 이런 회고(『한국 대통령 통치 구술 사료집 5: 노무현 대통령』)를 남겼다. 그는 "법안을 만들어 여당(열린우리당)에 주기 전에 먼저 야당(한나라당)하고 협상한 걸 대통령이 일일이 다 보고받았고, 그래서 백지 위임장을 받고 협상해 나갔다"고 말했다. 물밑 협상에서 법안 통과의 대가로 야당이 요구하는 것에 대해선 "(노 대통령이) 뭐든지 다 해주겠다고 했다. 뭐든지 다"라며 "(협상이) 막힐 때마다 전 과정에 대통령이 개입했다"고 전했다.

이런 과정에서 성사된 게 2007년 2월 9일 당시 노 대통령과 강재섭 한나라당 대표의 여야 영수회담이었다. 유 전 장관은 "(노 대통령은) 영수회담이란 말 자체를 봉건적이라 그래서 싫어하셨는데 '그래도 여야 영수회담을 해줘야 됩니다. 그쪽에서 원하기 때문에'라고 말씀드렸다"고 회고했다. 이날 영수회담에선 공동 발표문까지 채택했다. 여기엔 "국민연금 재정의 건전성을 높이고 사각지대를 줄이는 방향의 국민연금 제도 개혁"이란 내용이 들어갔다.

이걸로 끝난 게 아니었다. 2007년 4월 국회 본회의에 국민연금법 개정안이 올라갔지만 야당 의원들의 주도로 부결됐다. 당시 임채정 국회의장은 부결을 우려하면서 법안 상정을 망설였다. 하지만 노 대통령은 직접 임 의장에게 전화해 "정부가 책임질 테니 표결에 부쳐 달라"고 요청했다고 한다. 법안 부결의 여파로 유 장관은 사퇴하고 한덕수 총리가 야당과의 협상에 나섰다. 이런 우여곡절을 겪으며 겨우 여야 합의에 이른 게 현재의 소득대체율 40%다. 인제 와서 재원 대책도 없이 소득대체율을 50%로 올리는 건 미래 세대에 죄를 짓는 것일 뿐 아니라 이른바 '노무현 정신'도 배신하는 것이다.

미래가 암울할 때는 처음으로 돌아가 보자. 우리나라도 국민연금을 도입해야 한다는 논의가 나왔던 1980년대 얘기다. 당시 전두환 대통령은 참모의 보고를 받고 이렇게 질색을 했다고 한다. "국민연금이라니, 나라 말아먹자는 얘기 아니오. 국민연금 하다가는 우리도 영국처럼 망해요." 과도한 연금 적자로 '유럽의 병자' 소리를 듣던 영국처럼 되면 안 된다는 뜻이었다.

물론 2020년대 대한민국은 1980년대 영국과는 상황이 다르다. 하지만 연금 재정의 부실이 쌓이고 쌓이면 결국 나라가 거덜 날 수밖에 없다는 건 분명한 사실이다. 정치적 성향이나 진영을 떠나 연금 적자 때문에 나라가 망하는 걸 바라는 사람은 아무도 없을 것이다. 부디 그렇게 되지 않길 바란다.

-중앙일보 2024년 4월 26일

8. 일본 '100년 안심 연금' 우린 왜 못 하나

한국은 2055년 연금 완전 고갈

일본은 2115년까지도 끄떡없어

연금 재정 안정성, 한국이 완패

    한국은 30년밖에 못 버티는데 일본은 90년이 지나도 끄떡없다. 한국 국민연금과 일본 후생연금의 엇갈린 미래 전망이다. 일본의 미래 세대는 최소한 2115년까지 후생연금에 쌓인 돈이 바닥날까 걱정하지 않아도 된다. 세상에 태어나자마자 막대한 연금 부채를 떠안을 수밖에 없는 한국의 미래 세대와 대조적이다. 일본에도 다양한 문제는 있지만, 적어도 연금 재정의 안정성이란 측면에선 한국의 완패다.

    현재대로 가면 한국 국민연금은 파탄을 피할 수 없다. 2023년 3월 정부는 제5차 국민연금 재정계산 결과를 발표했다. 국민연금법에 따라 5년마다 한 번씩 하는 계산이다. 이걸 보면 국민연금 기금은 2041년 적자로 돌아서고 2055년 완전히 바닥이 난다. 2018년 발표한 제4차 재정계산과 비교하면 기금 고갈 시점은 2년이 빨라졌다. 출산율이 예상보다 더 낮아지거나 경제성장률이 기대에 미치지 못하면 2055년까지도 못 버틸지 모른다. 그 이후에는 천문학적인 국가 부채를 일으키거나 막대한 세금을 걷는 것 외에 뾰족한 대안이 보이지 않는다.

일본도 5년마다 연금 재정계산 결과를 공개한다. 2019년 발표한 자료를 보면 2115년까지도 후생연금 적립금은 바닥나지 않는다. 일본은 기본적으로 100년의 재정균형 기간을 설정해 연금을 관리하고 있다. 향후 100년간 연금 지급은 문제없으니 안심하라는 메시지를 국민에게 보내는 셈이다. 공적연금의 안정적 관리로 국민에게 신뢰를 주는 건 국가의 당연한 책무다. 2024년 8월에는 새로운 연금 재정계산 결과를 발표할 예정이다.

일본의 연금 재정이 한국보다 훨씬 안정적인 이유는 단순하다. 한마디로 일본 사람들은 한국보다 '훨씬 더 내고 훨씬 덜 받기' 때문이다. 2004년 고이즈미 준이치로 총리 시절에 사회적 합의로 이뤄낸 연금개혁이 바탕이 됐다.

일본의 공적연금은 2층 구조로 한국과 비슷하면서도 세부적인 부분은 다르다. 1층은 국민연금이라고 부르는데 한국으로 치면 기초연금에 해당한다. 다만 누구 돈으로 연금을 주느냐를 보면 결정적 차이가 있다. 한국 기초연금은 전액 국가 예산으로 충당하지만, 일본은 가입자와 국가가 함께 부담한다. 2층의 후생연금은 한국의 국민연금에 해당한다. 한국과 달리 자영업자를 제외한 급여생활자만 가입 대상이다.

20년 전에는 일본도 후생연금이 골칫덩어리였다. 저출산·고령화와 경제성장률 둔화로 막대한 적자가 예상됐다. 대수술이 시급했다. 연립 여당인 공명당 소속의 사카구치 치카라 후생노동상(한국의 보건복지부+고용노동부 장관)이 나섰다. 그는 '연금 100년 안심 플랜'을 제시하며 연금개혁 논의를 이끌었다. 개혁의 핵심은 ▶연금 보험료율의 단계적 인상 ▶경제 상황에 따라 실질 연금지급액을 삭감하는 자동안정장치 도입이었다.

물론 진통이 없진 않았다. 정부 안에서도 후생노동성과 재무성의 입장이 달랐고, 여당 내부에서도 의견이 엇갈렸다. 결국 고이즈미 총리는 2004년 2월 각의(국무회의)에서 연금개혁안을 확정해 국회에 제출했다. 이 법안이 국회를 통과하면서 일본 국민은 적어도 100년간 연금 재정의 고갈을 걱정하지 않게 됐다. 현재 일본 후생연금의 보험료율은 18.3%다. 일본 직장인들은 한국 국민연금 가입자(9%)보다 배 이상 많은 연금 보험료를 낸다는 얘기다.

은퇴 후에도 일본 사람들은 한국보다 연금을 적게 받는다. 일단 일본 정부가 발표한 공적연금 소득대체율은 2019년 기준 61.7%다. 앞으로 경제 사정이 나빠져도 50% 이상은 보장한다는 계획이다. 얼핏 한국 국민연금(소득대체율 40%)보다 좋아 보이지만 실제로는 전혀 아니다. 일본의 소득대체율 61.7%는 1층(부부 기준)과 2층(외벌이 직장인 기준)의 연금을 합친 것이다. 한국으로 치면 노인 부부의 기초연금과 국민연금의 소득대체율을 합쳐서 계산했다. 2층에 해당하는 후생연금만 따지면 소득대체율은 25% 수준에 그친다.

　만일 일본처럼 100년 뒤에도 연금으로 줄 돈을 확보할 수만 있다면 우리도 소득대체율을 얼마든지 올려도 좋다. 하지만 '지옥으로 가는 길은 선의로 포장돼 있다'는 말처럼 현실은 암담하기만 하다. 재정안 정을 중시하는 전문가 모임인 연금연구회는 "현 상황에서 소득대체율 을 올리게 되면 우리 자녀, 또 그들의 자녀 세대의 희생이 불 보듯 뻔 하다"고 지적했다. 당장은 1~2%포인트의 차이가 작아 보여도 그게 수 십년간 누적되면 엄청난 적자의 '부메랑'으로 돌아올 수밖에 없다. 재 원 마련 대책도 없으면서 섣불리 소득대체율을 올리는 건 미래 세대에 큰 죄를 짓는 것이다.

-중앙일보 2024년 5월 17일

9. 미래 세대에 연금 적자 덤터기 안 된다

청년 목소리 외면한 개혁은 '개악'

'더 내고 덜 받기'가 유일한 해법

새 연금특위, 젊은 의원 중심 돼야

국가의 백년대계가 걸린 사안을 시장에서 콩나물값 흥정하듯이 정할 순 없다. 하마터면 개혁이 아니라 개악이 될 뻔했다. 지난 21대 국회 막판에 결국 여야 합의에 실패한 연금개혁안을 두고 하는 말이다. 여당도, 야당도 잘한 건 하나도 없다. 이게 국회의원 임기 마지막 며칠을 남겨놓고 옥신각신 실랑이를 벌일 일인가. 국회의원들이 임기 4년의 귀중한 시간을 헛되게 낭비했다는 자기 고백에 지나지 않는다.

이제 22대 국회 임기가 시작되자마자 거대 야당은 다수의 특검법을 밀어붙이겠다고 엄포를 놓고 있다. 불과 일주일 전까지 연금개혁은 하루가 급하다고 정부·여당을 재촉하던 것과는 분위기가 사뭇 달라졌다. 그토록 연금개혁이 절실한 문제였다면 22대 국회 1호 법안으로 정해 최우선으로 추진했어야 마땅하지 않나. 이재명 더불어민주당 대표가 2024년 6월 5일 최고위원회의에서 연금개혁을 다시 언급하긴 했지만 특검법 등 정치 현안보다 우선순위에 두는 것으로 보이진 않는다.

마땅한 대안도 내놓지 못하고 야당에 끌려다니는 정부·여당은 더욱 무책임해 보인다. 추경호 국민의힘 원내대표는 "이번(2024년) 정기국회에서 최우선으로 추진하겠다"고 했지만, 구체적으로 무엇을 어떻게 하자는 것인지 알기 어렵다. 2023년 10월 정부가 알맹이 없는 '맹탕' 개혁안을 던져놓고 국회에 공을 떠넘길 때부터 어느 정도는 예견됐던 상황이다.

기본적인 질문으로 돌아가 보자. 도대체 연금개혁을 왜 하려고 하는가. 미래 세대의 부담을 늘리기 위해서인가, 줄이기 위해서인가. 설마 미래 세대의 '등골'을 빼먹기 위해 연금개혁을 해야 한다는 사람은 없을 것이다. 아직 어리다는 이유로 또는 아직 태어나지 않았다는 이유로 미래 세대에 천문학적인 연금 적자의 덤터기를 씌워선 안 된다. '미래 세대를 위한 연금개혁'은 우리 모두의 책임이자 역사적 과제다.

현재 국민연금은 치명적 결함을 안고 있다. 바로 적게 내고 많이 받아가는 구조다. "국민연금은 폰지 사기(다단계 금융사기)"란 말이 괜히 나온 게 아니다. 먼저 가입한 사람은 큰 혜택을 보겠지만 나중에 가입한 사람은 시쳇말로 국물도 없을지 모른다. 한국연금학회장을 지낸 이창수 숭실대 교수(정보통계보험수리학과)는 "현 연금 제도가 일종의 폰지 게임 같아서 후세대에 계속 부담을 전가한다"며 "어느 시점에서는 미래 세대의 반란이 일어날 것"이라고 경고하기도 했다.

좋든 싫든 연금 문제의 해법은 한 가지 길뿐이다. 더 내고 덜 받기다. 다른 방법은 결과적으로 미래 세대의 부담만 키울 뿐이다. 진정으로 미래 세대를 걱정한다면 소득대체율을 올리자는 말을 함부로 꺼내선 안 된다. 현재도 연금 재정의 부실이 심각한데 미래 세대의 더 큰 희생을 감수하면서 기성세대에 돈을 더 줘야 하나. 미래의 연금 재정을 제대로 계산이나 해보고 이런 주장을 하는 건지 모르겠다. 당장은 1~2%포인트 차이가 작아 보여도 수십년간 쌓이면 엄청난 부담으로 돌아온다.

한쪽에선 우리 사회의 노인 빈곤을 걱정하는 목소리도 나온다. 이 문제는 국민연금이 아니라 기초연금을 포함한 전반적인 사회복지 정책으로 풀어야 한다. 2007년 노무현 정부 때 여야 합의 사항이 바로 '기초연금 지급과 국민연금 소득대체율 인하'였다. 이제 와서 가뜩이나 취약한 연금 재정을 더욱 부실하게 만드는 방향으로 가는 건 곤란하다. 정말 가난한 노인들은 젊을 때 힘들게 사느라 연금 보험료를 제대로 내지 못했다. 이런 노인에겐 아무리 연금 소득대체율을 높여도 혜택이 돌아가지 않는다.

연금개혁이 사회적 공감을 얻으려면 무엇보다 청년 세대의 목소리에 귀를 기울여야 한다. 아직 태어나지 않은 세대는 어쩔 수 없지만, 현재 20~30대의 목소리는 충분히 들을 수 있지 않나. 이들에게 연금 재정이 얼마나 부실한 상태인지 실상을 정확히 알려주고 의견을 물어야 한다. 막연하게 국가가 책임질 것이란 식으로 넘어가는 건 안 된다. 국가가 책임진다는 것은 다시 말해 막대한 세금 인상이나 천문학적 국가 부채를 뜻한다는 점을 분명히 해야 한다.

2024년 6월 5일 개원한 22대 국회는 조만간 연금특위를 새로 구성해야 할 것이다. 이번에는 최대한 젊은 의원들을 중심으로 특위를 꾸리길 바란다. 지난 국회의 연금특위에선 위원장을 포함한 절반 이상이 60대였다. 특위 위원 13명 중 30대는 단 한 명도 없었고, 40대도 두 명에 그쳤다. 이래선 청년 세대의 목소리가 제대로 반영되기 어렵다. 다른 사안은 몰라도 적어도 연금 문제만큼은 청년 세대가 의사 결정의 키를 잡을 수 있어야 한다.

-중앙일보 2024년 6월 7일

10. 연금개혁, 악마는 디테일에 있다

적게 내고 많이 받는 '마법'은 없어

일본 연금 보험료는 한국의 두 배

'맹탕' 아닌 구체적 정부안 내놔야

한국은 2055년이면 한 푼도 안 남고 고갈된다. 일본은 2120년까지도 돈이 모자라지 않는다. 한국 국민연금과 일본 후생연금의 재정 전망을 비교한 결과다. 어느 쪽이 안정적이냐는 두말할 필요가 없다. 다른 분야는 몰라도 연금 재정의 안정성에선 일본의 압도적 우위를 인정할 수밖에 없다. 두 나라의 격차는 무려 65년이나 된다.

마침내 우리 정부도 연금개혁의 시동을 걸고 나섰다. 늦었지만 이제라도 상황의 심각성을 인정하고 대안을 내기로 한 점은 다행스럽다. 윤석열 대통령은 2024년 8월 29일 국정 브리핑에서 연금개혁의 세 가지 원칙을 제시했다. ▶연금 재정의 지속 가능성 ▶세대 간 공정성(형평성) ▶노후 소득 보장이다. 다 좋은 말이지만 구체적으로 어떻게 실현하느냐가 어려운 숙제다. 조만간 보건복지부 등 관계 부처가 발표할 세부 내용을 지켜볼 필요가 있다. 이번에는 반드시 보험료 인상 폭과 시점 등을 구체적으로 담아야 한다. 2023년 10월처럼 알맹이는 쏙 빠진 '맹탕 개혁안'을 내선 안 된다.

흔히 '악마는 디테일에 있다'고 한다. 연금개혁도 예외가 아니다. 큰 방향은 맞더라도 세부 내용이 잘못되면 개혁은 성공할 수 없다. 당연한 상식이지만 의외로 많은 사람이 간과하는 점이 있다. 젊을 때 적게 내고 노후에 많이 받아가는 '마법'은 현실에선 불가능하다. 노후에 연금을 많이 받고 싶으면 젊을 때 보험료를 많이 내야 한다. 반대로 젊을 때 적게 내고 싶으면 노후에도 적게 받는 걸 감수해야 한다. 누군가 적게 내고 많이 받아간다면 다른 누군가는 많이 내고 적게 받을 수밖에 없다. 이런 식으로 미래 세대에 막대한 부담을 떠넘기는 건 기성세대의 이기심과 무책임일 뿐이다.

국민연금법에 '국가의 지급 보장'을 명문화하자는 제안도 나온다. 윤 대통령도 국정 브리핑에서 직접 언급했다. 반대할 이유는 없지만 그걸로 연금 재정의 불안이 해소되는 건 전혀 아니다. 연금 재정의 완전 고갈 이후에도 국가가 연금을 주려면 그 돈은 어디서 나올까. 국가가 세금을 대폭 올리거나 막대한 빚을 내는 방법밖에 없다. 증세든, 빚이든 그 부담은 고스란히 미래 세대에 돌아간다. 이대로 가면 미래 세대는 월급의 절반 이상을 세금이나 사회 보험료로 내야 한다. 아직 어리거나 태어나지도 않은 아이들이 무슨 죄를 지었다고 기성세대의 무책임에 고통을 받아야 하나. 겉보기만 그럴듯한 말이 아닌 실질적인 개혁이 시급한 이유다.

　그럼 일본은 어떻게 했을까. 일본 후생노동성(한국의 보건복지부+
고용노동부)이 최근(2024년 8월 기준) 홈페이지에 공개한 자료를 살
펴보자. '2024년 연금 재정 검증 결과' 보고서다. 현재 일본 직장인들
은 소득의 18.3%를 연금 보험료로 낸다. 한국(9%)의 두 배 수준이다.
이렇게 일본 직장인들이 젊을 때 많이 낸 만큼 노후에는 한국보다 더
많이 받을까. 천만의 말씀이다.

　2024년 일본 후생연금의 소득대체율은 25%(외벌이 가구 기준)다.
한국 국민연금의 소득대체율(2028년 기준 40%)보다 훨씬 낮다. 소득
대체율이 낮다는 건 그만큼 노후에 돌려받는 돈이 적다는 뜻이다. 소
득대체율 40%는 2007년 노무현 정부 때 여야 합의로 결정한 사항이
다. 원래는 50%였는데 2028년까지 단계적으로 낮추기로 했다.

　한마디로 정리하면 일본 직장인들은 젊을 때 한국보다 훨씬 많이
내고 노후에 훨씬 적게 받는다. 일본은 우리보다 앞서 저출산·고령화
의 충격을 겪었지만 100년 뒤에도 연금 고갈을 걱정하지 않아도 된다.
'100년 안심연금'을 제도화한 비결이 여기에 있다.

　이것만 보면 일본에선 연금의 노후 소득 보장 기능이 취약해 보인
다. 실상은 그렇지 않다. 기초연금(일본 용어는 국민연금)이 부족한
점을 뒷받침해주기 때문이다. 2024년 기준으로 일본에서 기초연금을
포함한 연금의 소득대체율은 61.2%다. 이렇게 보면 일본이 한국보다
적게 받는 게 아니다. 다만 일본의 기초연금은 가입자가 매달 보험료

(1만7000엔)를 낸다는 점에서 국가와 지방자치단체가 전액 지원하는 한국과 차이가 있다.

우리도 연금개혁의 테이블에 국민연금과 기초연금을 함께 올릴 필요가 있다. 국민연금의 고갈을 막으면서도 공적연금의 노후 소득 보장을 유지하기 위해서다. 단순히 국민연금의 소득대체율만 따질 게 아니다. 기초연금을 포함한 공적연금의 소득대체율을 계산해 봐야 한다. 노인 인구 증가와 함께 기초연금 지급을 위한 재정 부담이 커지는 문제도 이대로 방치할 순 없다. 필요하다면 일본처럼 기초연금에도 일정한 보험료를 부과하는 방식을 검토할 수 있을 것이다.

-중앙일보 2024년 8월 30일

11. 지역 규제에 발 묶인 국민의 노후자금

국민연금 해외 진출은 활발한데
서울사무소 설치는 감감무소식
'투자의 현지화'로 수익률 높여야

본격적인 얘기를 시작하기 전에 퀴즈를 하나 풀어보자. 분명히 우리나라 공공기관인데 서울에는 사무소가 없고 뉴욕·런던·싱가포르·샌프란시스코에는 있는 게 있다. 그게 뭘까. 규모가 작거나 중요성이 없어서 아무도 관심 갖지 않는 곳은 전혀 아니다. 이 기관에서 굴리는 돈은 이미 1100조원이 넘는다. 앞으로 16년 뒤에는 1700조원 이상으로 불어날 전망이다.

힌트는 국민의 소중한 노후자금을 모아서 운용하는 공공기관이란 것이다. 이 말을 듣고 머릿속에 번뜩 떠오르는 게 있을지 모르겠다. 그렇다면 경제·금융이나 사회복지에 대한 상식이 상당하다고 할 수 있다. 정답은 국민연금 기금운용본부다. 본부는 전북 전주에 있고 해외

네 곳에 현지 사무소를 뒀지만, 서울에는 별도 사무소가 없다. 일반 행정 사무를 처리하는 연금공단 지사와는 혼동하면 안 된다.

기금운용본부의 수익률 성적표는 전 국민의 노후자금에 영향을 준다. 국민연금 기금의 잔액은 2024년 6월 말 기준 1147조원이다. 기금 수익률이 1%포인트만 오르거나 내려도 11조원 넘는 돈이 왔다 갔다 한다. 만일 수익률을 꾸준히 높게 유지한다면 연금 고갈의 걱정을 조금이라도 덜 수 있다. 반면에 수익률이 저조하다면 연금 고갈 시기도 빨라진다. 가만히 앉아서 하늘만 쳐다본다고 좋은 수익률이 나올 리는 없다. 국내외 금융시장의 최신 정보를 최대한 빨리 수집하고 투자 전략에 정교하게 반영하는 게 중요하다. 해외 사무소를 설립한 이유도 바로 이것이다.

그런 점에서 여태 서울사무소가 없다는 건 이해하기 어렵다. 2023년 하반기 서울 강남구 신사동에 스마트워크센터(원격근무용 공동 사무실)를 마련하긴 했다. 하지만 출장자 등을 위한 임시 공간인 데다 좌석도 30석밖에 안 된다. 아예 없는 것보단 낫겠지만 한참 부족하다.

국민연금 기금은 2024년 상반기에 102조원을 벌었다. 수익률은 9.71%였다. 가장 성적이 좋았던 투자 자산은 해외 주식이었다. 2024년 상반기에만 20.47%의 수익률을 기록했다. 해외 주가가 상승한 요인도 있었지만, 환율 상승(원화가치 하락) 효과도 컸다. 국민연금 수익률은 원화로 계산하기 때문에 환율이 오르면 환차익, 환율이 내리면 환차손이 발생한다. 원·달러 환율은 2024년 6월 달러당 1390원대까지 상승했다가 최근(2024년 9월 기준)에는 달러당 1320원대로 하락했다.

2024년 하반기 국민연금 종합 성적표는 두고 봐야겠지만 적어도 환율은 불리하게 작용할 가능성이 있다.

마음 같아선 최대한 고수익을 내면 좋겠지만 간단한 문제가 아니다. 변동성이 심한 자산에 투자할수록 고수익을 기대할 수도 있지만 투자위험도 커진다. 고수익과 고위험은 동전의 양면처럼 떼려야 뗄 수 없는 관계다. 고위험이 싫어서 저위험을 선택한다면 저수익을 감수해야한다. 이렇게 안전 자산과 위험 자산의 배분에서 적절한 균형점을 찾는 게 중요하다. 말은 쉽지만, 구체적으로 어떻게 하느냐는 고도의 전문성이 필요하다.

기금운용본부의 전문성을 높이려면 어떻게 해야 할까. 여기엔 두 가지 필수 조건이 있다. 우수한 인력을 확보하고, 이들이 금융시장과 활발하게 교류(네트워킹)할 수 있는 여건을 마련해 주는 것이다. 그런데 지역적으로 한계가 뚜렷하다. 원래 서울에 있던 기금운용본부는 2017년 전주로 이전했다. 이때를 전후로 다수의 인력이 사직서를 냈다. 서울의 금융권에서 더 좋은 대우를 받을 수 있는데 왜 지방으로 가야 하느냐는 게 솔직한 심정일 것이다.

"성공적인 자산 운용의 핵심은 결국 사람"이라는 건 부정할 수 없다. 2023년 9월 국민연금 재정계산위원회가 주최한 전문가 공청회에서 나온 말이다. 당시 전문가 보고서에선 "대체투자 부문의 운용인력 유출이 규모나 내용 면에서 심각한 현안"이라고 지적했다. 그러면서 서울사무소 설치를 제안했다. "본사(기금운용본부)의 서울 이전 차원이 아니라 투자의 현지화라는 관점"이라며 "해외 사무소 확대의 필요성과 같은 논리로 접근할 필요가 있다"는 주장이다.

하지만 2024년 9월 4일 보건복지부의 연금개혁안 발표에서 서울사무소 관련 내용은 빠졌다. 기금 수익률이 중요하다면서도 지역 정치권의 이해관계까지는 극복하지 못한 모습이다. 다른 공공기관은 몰라도 글로벌 시장에서 해외 '큰손'들과 경쟁하는 기금운용본부까지 꼭 지방으로 옮겼어야 했는지 의문이다. 지역 균형발전도 좋지만, 국가 전체적인 관점에서 볼 필요가 있다. 본사 이전도 아니고 서울사무소 설치조차 못하게 막는다는 건 글로벌 경쟁력을 스스로 깎아먹는 일이다.

-중앙일보 2024년 9월 20일

초고령사회,
사회보험의 경고

ⓒ 주정완, 2025

초판 1쇄 발행 2025년 2월 20일

지은이   주정완
펴낸이   이기봉
편집   좋은땅 편집팀
펴낸곳   도서출판 좋은땅
주소   서울특별시 마포구 양화로12길 26 지월드빌딩 (서교동 395-7)
전화   02)374-8616~7
팩스   02)374-8614
이메일   gworldbook@naver.com
홈페이지   www.g-world.co.kr

ISBN   979-11-388-3992-1 (03320)